멋진 인생을 원하면
불타는 구두를 신어라

멋진 인생을 원하면

불타는 구두를 신어라

• 김원길(안토니 대표) 지음 •

21세기북스

인생 백지 수표에 '꿈' 액수를 적어라

처음 시작할 때 나는 굶어 죽을 각오가 되어 있었고 실제로 굶주리기도 했지만 그래도
반드시 성공하고야 말겠다고 마음먹었다. 시간이 얼마나 걸리든 나 자신을 믿어야 했다.
— 프레드 머큐리, 그룹 「퀸」 리더

꿈다운 꿈을 가져라

"꿈을 가지고 있나요?"

대한민국 젊은이들에게 묻고 싶은 이야기다. 꿈이 무엇인지가
아니다. 도대체 꿈이 있는지가 궁금하다. 대학에 강연자로 초대받
아 갈 때가 있다. '성공'이란 주제로 강연을 하다가 학생들에게 어
떤 직업을 목표로 삼고 있는지를 물으면 많은 학생이 대기업 입사
나 공무원 시험 합격을 이야기한다. 그 목표가 이루기 쉬운 것은
아니지만 너무 안전한 목표라는 생각을 지울 수 없다. 지금보다 훨
씬 먹고살기 힘들었던 30년 전에도 그렇게 현실적인 목표를 세우
지는 않았다. 젊은이들의 목표가 왜 이렇게 변한 것일까?

성공에 대한 열망도 약하고 그저 '돈 걱정 안 하는 삶'을 살려고
노력하는 것처럼 보인다. 왜 세상을 감동시키고 깜짝 놀라게 할 만
한 꿈을 꾸지 않는 걸까? 왜 충분히 젊은 나이에 벌써 '대기업 입

사' 같은 '간판'에 집착하는 걸까?

　대기업에 들어갔다고 공무원이 됐다고 모든 게 해결되는 것은 아니다. 40대에 부장 승진 과정에서 한 번 고비를 겪고 50대에 임원 승진 과정에서 또 한 번 큰 고비를 겪는다. 10명 중 9명은 이미 사라지고 없다. 공무원 사회도 위로 갈수록 치열하긴 마찬가지다. 이런 이야기를 하면 보통은 다음과 같이 자신 있게 답한다.

　"회사를 다닐 수 있을 만큼 다니고 그다음 사업을 시작하면 된다."

　그런데 정말 궁금하다. 회사에서 최대한 버틴 이후에 어떤 사업을 시작할 수 있을까? 아마 음식점이나 소비재 대리점 등 서비스업을 시작할 것이다. 그런데 그것으로 어떤 삶을 보장받을 수 있을까? 잘해야 현상유지이고 그렇지 않으면 20년 근속 퇴직금을 1년 안에 날릴 수도 있다. 과연 직장 생활도 잘하고 사업에도 천부적인 재능을 가진 사람이 몇 명이나 될까?

가슴이 터질 듯 흥분되는 일을 꾸며라

나는 다시 태어나도 내가 선택한 나의 길을 갈 것이고 삶을 주도해나갈 것이고 도전하기를 멈추지 않을 것이다. 그 자리에 올랐으니 그렇게 이야기한다고 생각할 수 있겠지만 지금까지 내 사업 인생은 순탄하지 않았고 고비도 많았다. 죽고 싶다는 생각이 들 때도 있었다.

　사업 초기에는 성공이 이내 다가올 것 같다. 하지만 성공은 잡힐 듯 잡힐 듯 잡히지 않는다. 포기하지 않고 몇십 년을 견뎌내야 성공이라는 열매가 열린다. 보통 40대 중반에서 50대 사이의 시기다. 그때 이룬 성공이 진짜 성공이고 오래 지속된다.

성공 이후에는 자신이 하고 싶은 일을 마음껏 할 수 있다. 나는 사회에 공헌하고 싶었고 신 나게 그 일을 하고 있다. 가정형편이 어려운 학생들을 위해 장학재단을 만들고 동네 어르신들을 위해 경로잔치를 열고 자연재해가 일어난 지역에 성금을 보내고 있다. 생각만 해도 가슴이 뛴다.

요즘 젊은 사람들은 좋은 학벌과 자격증 따기에 혈안이 돼 있다. 그런 것들이 미래를 보장해준다고 생각하는 것 같다. 틀린 생각은 아니다. 그런데 어쩐지 아쉽다. 자꾸만 젊음이 아깝다는 생각이 든다. 남들이 다 하는 공부 말고 가슴이 터질 듯이 흥분되는 일을 꾸미고 싶지 않은가? 세상을 감동시키고 사람들을 울리고 싶지 않은가? 이것이 성공이다. 안정된 삶만이 성공이 아니다.

실천하는 자가 세상을 바꾼다

나의 진짜 고민은 삶에 대한 것이지 사업에 관한 것이 아니다. '어떻게 하면 사업을 더 잘할 수 있을까?'보다 '어떻게 하면 조금 더 가치 있게 살까?'를 더 고민해 왔다. 나도 믿기 힘든 일이지만 삶에 대한 고민이 많아지면서 사업은 저절로 풀렸다. 사회 기부 활동은 그렇게 시작됐다. 사회복지단체에 성금을 전달해주는 순간도 즐겁지만 사실 그 이후가 더 즐겁다. 매장에 나가면 고객들이 나를 알아보고 이렇게 말한다.

"좋은 일 많이 하신다고 들었습니다. 구두를 사면 저도 좋은 일 하는 거죠?"

내가 좋은 일 한다고 광고를 내고 다닌 것도 아닌데 많은 사람들이 그렇게 말한다. 면전에서 이런 이야기를 듣는 게 쑥스럽기도 하지만 기분은 정말 좋다.

이런 인사치레까지 포함해서 좋은 일은 대가를 바라서는 안 된다. 그런데 꼭 돌아온다. 사업가의 사회적 위치도 그렇다. 많이 베풀 때 올라간다. 돈을 많이 벌었다고 올라가지 않는다. 이왕 하는 사업 '멋진 사장' 소리 들으면서 할 수 있는 방법은 이렇듯 명쾌하다.

내가 생각하는 성공은 이런 것이다. 매출을 늘리고 직원 수를 늘리고 해외에 공장을 세우고 세계적인 기업이 되는 것이 아니다. 직원이 행복하고 회사가 사회로부터 존경을 받으면 그게 정말 성공이라고 생각한다.

성공의 열쇠는 경쟁력과 자본에 있지 않다. 어떻게 하면 행복할 수 있을까? 이 고민에 그 해답이 있다. 세상을 살아가면서, 사업을 하면서, 혹은 사회생활을 하면서 우리가 영위할 수 있는 행복한 삶은 무엇일까? 사회로부터 존경을 받는 삶을 사는 것 아닐까?

비록 회사 규모는 작지만 대한민국 그 어떤 기업의 사장보다 잘 산다고 자부한다. 그 누구보다 많이 놀고 많이 일하고 많이 기부한다. 사회와 더불어 행복해지는 삶을 살고 있기 때문이다.

모든 게 실천의 문제다. 내가 성공한 사업가 소리를 듣고 좋은 평가를 받는 것도 모두 실천이 가져다준 선물이다.

　내가 사업에서 성공할 수 있었던 이유는 단순하다. 생각한 것을 실천에 옮긴 것뿐이다. 이건 단순한 진리이지만 또한 쉽지 않은 일이다. 머릿속에 좋은 생각이 아무리 많아도 소용없다. 실천에 옮겨야 무엇이든 이룰 수 있는 것이다.

　"생각을 실천하라."

　세상을 살아가는 데 이보다 더 중요한 명제는 없다.

CONTENTS ● ● ● ● ●

행동강령 01

운명에 굴복하지 마라

오뚝이처럼 일어나라

운명에 굴복하지 마라

피서철이 끝났다. 서울을 떠날 때는 돌아올 차비도 없이 갔는데 월급에 팁까지 보태 55만 원이 수중에 남았다. 그 돈을 한 푼도 건드리지 않고 돌아와 성남 상대원동에 보증금 50만 원에 월세 5만 원짜리 방을 얻었다. 내 손으로 얻은 첫 번째 거처였다. 나는 늘 그랬다. 구둣방에서 일이 없다고 쫓겨났는데 강원도에 가서 오히려 돈을 벌어온 것처럼 어떤 상황에서건 무엇을 건져냈다.

불타는 열정 한 걸음 한 걸음이 모여
꿈을 이룬다

인생에는 마법 같은 순간이 온다.
그때 준비된 사람은 자기 인생을 마법으로 바꿀 수 있는 것 같다.
— **김은숙**, 드라마「**시크릿 가든**」작가

물에 빠져도
물고기 건져 나와라

성공은 성적순이 아니다

"공부 열심히 해서 좋은 대학 나와야 좋은 직장 얻고 성공하지. 공부 안 하고 어떻게 성공할 수 있어?"

모두 나에게 그렇게 말했다.

나는 중학교를 졸업하고 곧바로 사회에 뛰어들었다. 가정형편도 여의치 않았지만 학벌을 쌓아서 성공하겠다는 생각도 없었다. 당시에는 그게 무엇인지 몰랐지만 성공의 길은 오히려 따로 있다고 생각했다. 남들은 고등학교에 다닐 나이에 안목을 넓힌다며 1년 가까이 세상 이곳저곳을 돌아다녔다. 주변 친구들은 이런 나를 이해하지 못했다.

"내가 존경하는 현대 그룹 정주영 회장도 학력은 초등학교 졸업이야. 사회에서 얼마나 열심히 일하느냐가 중요하다고 생각해."

내가 친구들에게 한 말이다. 그러나 친구들은 꼭 내 생각과 달랐다.

"그건 옛날이니까 가능한 이야기지."

대화가 여기까지 흐르면 더는 말을 하지 않았다. 더 해봐야 학교 다니던 친구들에게 내 말이 먹힐 리 없었기 때문이다. 대신 속으로 다짐하곤 했다.

'내가 어떻게 성공하는지를 직접 보여주겠어!'

무엇이든 할 수 있다

"구두를 배워보면 어떠냐?"

열일곱 살 여름이었다. 식견을 넓힌다며 1년 이상 이곳저곳 돌아다니는 생활이 집안 어른들 사이에서는 걱정거리가 됐다. 하루는 서산에서 양화점을 하는 작은아버지가 나를 불러서 한 말이다.

"구두요?"

"그래! 구두. 네가 손재주가 있다고 들었다. 구두 기술 배우면 돈벌이가 괜찮다."

"한번 해보겠습니다."

작은아버지 제안이 싫지 않았다. 시작부터 큰 곳에서 일하고 싶은 야망은 있었지만 1년 동안 아무 직업을 찾지 못한 상황이었다.

초조하기도 했고 학교에 다니는 또래 친구들보다 마음이 성숙해져서 무엇이든 할 수 있다는 자신감이 붙어 있었다.

작은아버지 말씀대로 나는 손재주가 좋았다. 어려서부터 지게며 썰매며 새총이며 필요한 물건들은 직접 만들어 썼다.

"우리 원길이는 손재주를 타고났네."

그럴 때마다 아버지가 칭찬해 주곤 했다.

서산 작은 집에 머물면서 구두 일을 배우기 시작했다. 물론 그 당시까지만 해도 구두가 평생 업이 되리라는 생각은 하지 못했다. 처음 시작한 일이니 열심히 해보겠다는 생각뿐이었다.

일은 굉장히 빠르게 배워나갔다. 1년은 돼야 겨우 손에 붙는다는 구두 제작 전 공정을 5개월 만에 끝냈다. 견습공이었지만 꿰매는 것부터 뒷손질까지 모든 걸 해냈다. 손재주도 손재주지만 배우려는 의지가 워낙 컸다.

그렇게 서산에서 10개월 정도 일했을 때였다. 왠지 가슴 한구석이 허전해지기 시작했다.

'구두를 만드는 것은 좋지만 서산에서 일을 하는 게 맞는 걸까?'

'다른 곳에 가면 더 많은 것을 배우지 않을까?'

'나는 어느 정도 수준일까?'

잠을 자려고 누우면 이런 고민 탓에 몇 시간씩 뒤척이곤 했다. 일도 손에 잡히지 않았다. 더는 안 되겠다 싶어 작은아버지에게 솔직하게 말했다.

"여기서 일하는 것보다 서울로 가서 배우겠습니다."

작은아버지도 나를 말리지 않았다. 오히려 열심히 하라며 서울로 가는 여비를 내주었다. 10개월 동안 옆에 두고 보면서 나의 가능성을 보았는지도 모르겠다.

나는 이야기를 꺼낸 그날 바로 서산을 떠났다. 어린 나이였지만 한 번 머뭇거리기 시작하면 또 몇 달을 지체하게 될지 모른다는 생각이 들었다. 인생을 살아보니 그 생각은 현명했다.

무엇이든 결정을 하면 곧바로 실천에 옮겨라. 그게 성공의 첫걸음이 될 가능성이 높다. 결정을 내리는 순간이 에너지가 가장 많은 순간이기 때문이다. 그 즉시 가능한 많은 일을 해버리면 그 이후로 성과물들을 챙기는 시간이 시작된다. 모든 일이 다 그랬다.

결정한 즉시 실천하라

서산에서 버스를 타고 홍성으로 가서 기차를 타고 서울로 향했다. 내 손에는 작은 가방 하나가 달랑 들려 있었다. 가방 안에는 몇 벌 안 되는 옷가지와 몇만 원이 전부였다. 열여덟 나이에 무작정 상경이었다. 1978년 3월 일이었다.

당시 영등포역은 지금보다 훨씬 번화했다. 명동만큼 사람들이 득실댔고 재래시장, 잡화시장, 과일시장 등 온갖 시장과 공장과 유흥가들이 정신을 못 차릴 정도로 복잡하게 얽혀 있었다. 영등포역 개찰구를 통과한 순간부터 정신이 없었다.

'이곳에서 내가 성공할 수 있을까?'

덜컥 겁부터 났다. 영등포역은 지방 사람들이 서울로 들어오는 관문이다. 정착인보다 지나치는 사람들이 많다 보니 사람들이 표정이 없었고 그게 어린 나이에는 무섭게 느껴지기도 했다.

'이 사람들에게 어떻게 구두를 팔지?'

화장실에 가서 수돗물을 마시고 세수를 했다. 그제야 정신이 들었다. 기차역 시계는 오후 네 시를 가리키고 있었다.

영등포역 광장에서 영등포 로터리 방향으로 구둣방이 죽 늘어서 있었다. 그걸 보니 조금씩 용기가 생겼다. 완전히 낯선 곳에 오고 보니 그래도 구두 기술이 나의 유일한 무기라는 생각이 들었던 것이다. 그렇게 많은 구둣방 가운데 나를 필요로 하는 곳이 한 곳 정도는 있을 것 같았다. 눈에 보이는 가게부터 무작정 들어갔다.

"구두 조금 만들 줄 아는데 저 좀 써줄 수 있어요?"

"우리 집은 직공이 꽉 찼다. 다른 데 가봐라."

생각보다 쉽지 않았다. 봄을 맞아 사람들이 한창 새 구두를 찾을 때로 직공 모집이 이미 끝난 시기였다. 구둣방에선 이미 직공을 채워놓고 밤낮없이 구두 만들기에 여념이 없었다. 그렇게 여섯 번째 집까지 실패였다.

해는 기울고 발걸음은 천근만근이었다. 나의 행로도 이미 영등포 로터리를 지나 목동 방향을 향하고 있었다. 이제부터는 번화가가 아니라 그냥 찻길이다. 구둣방이 드문드문 눈에 띄었다. 영등포역 근처 구둣방에 비해 많이 초라해 보였지만 이제 찬밥 더운밥 가릴 처지가 아니었다. 잠자리를 얻기 위해서라도 얼른 일자리를 잡아야 했다.

"좋다."

사람 좋게 생긴 '헐리웃 양화점' 사장은 내 바느질 솜씨를 보자마자 가방을 내려놓으라고 했다. 그 구둣방에선 마침 직공을 구하고 있었다. 처우는 열악했다. 먹여주고 재워주고 그게 끝이었다. 월급은 없었다.

밥값은 하고 살아라

그때는 금방 배가 고팠다. 아침을 먹고 한 시간만 지나면 점심이 기다려지곤 했다. 한창 크는 시기였으니 종일 밥 생각하는 게 무리도 아니었다.

하숙집의 밥이라고 해봐야 푸석한 정부미였지만 상관없었다. 끼니마다 세 공기씩 입에 때려 넣었다. 나만 그런 게 아니라 열 명 가까이 되는 직원들이 다 그렇게 많이 먹었다.

여름이 왔다. 구둣방은 여름이 힘들다. 일이 없다. 구둣방 안채에서 기숙하는 나 같은 견습공들은 천덕꾸러기 신세로 전락한다. 더군다나 그해는 유독 비수기가 빨리 시작돼서 끼니마다 밥 얻어먹는 것도 부담스러웠다.

눈치 빠른 직공들이 하나둘 가게를 떠났다. 갈 곳이 마땅치 않았던 나만 마지막까지 남았다. 하지만 그것도 그리 길지는 않았다. 장마가 끝나기도 전에 사장이 말을 꺼냈다.

"지금은 밥 먹여주는 것도 벅찬 형편이야. 다른 데서 놀다가 선선한 바람이 불기 시작하면 돌아와라. 그때 다시 일하자."

사장 입장에서는 우리의 식욕이 무섭기도 했을 것이다. 딱 3개월 일했는데 떠나야 할 처지가 됐다.

'다른 데?'

서울에서는 혈혈단신이나 다름없는 나에게 갈 곳이 있을 리 만무했다. 앞이 캄캄했다. 어디를 갈까 고민하다가 몇 주 전에 떠난 강원도 출신 룸메이트의 말이 생각났다.

"여름 강원도에는 피서객 상대로 돈 벌 일이 많으니 생각 있으면 와라."

당시에는 지나가는 소리로 듣고 잊었는데 상황이 급박해지니 그 말부터 생각났다. 선택의 여지가 없었다.

열심히 하는 사람을 이길 수 없다

지금은 없는 동마장 터미널에서 출발한 버스는 속초까지 꼬박 7시간이 걸렸다. 그게 끝이 아니었다. 속초에서 양양의 산골에 있는 룸메이트 집까지 한 시간이 더 필요했다. 서울에서 최대한 일찍 출발했지만 목적지에 도착했을 때는 그 긴 여름 해도 지기 시작해 사방이 어둑어둑했다.

문제는 그것만이 아니었다. 나를 강원도로 이끈 그 친구가 집에 없었다. 다른 방법이 없었다. 염치 불구하고 친구 없는 친구 집에서 하룻밤 신세를 지기로 했다.

친구 어머니가 멀리서 손님이 왔다고 정성껏 밥을 지어주었다.

오랜만에 먹어보는 시골 밥상이었다. 허겁지겁 세 공기를 비웠다. 그 모습을 본 친구 어머니가 안쓰러워 보였는지 먼저 말을 걸었다.

"돈 벌러 왔다고 했지? 설악동에 가면 여름철 아르바이트 자리가 많으니까, 내일 아침 일찍 그리 한 번 가봐."

"설악동이요?"

다음날 새벽 댓바람부터 설악동에 찾아갔다. 주차장, 구멍가게, 산장, 식당 가리지 않고 일할 수 있는 곳은 모두 돌아다녔다. 하지만 이곳 역시 일자리는 쉽게 구해지지 않았다. 어느덧 해가 저물고 있었다.

이제 설악동에서 가보지 않은 집은 꼭대기에 있는 산장뿐이었다. 그곳에서도 일자리를 구하지 못하면 그 뒤로는 아무런 대책이 없었다. 기도하는 심정으로 그 산장에 찾아갔다.

"먹여주고 재워주고 한 달 월급 5만 원. 우리는 손님이 많지 않아서……."

그 산장 주인은 나를 몇 번이고 훑어보더니 미안하다는 듯이 5만 원을 이야기했다. 그는 미안해했지만 나에게는 큰돈이었다. 오히려 구둣방보다 나았다.

"감사합니다. 열심히 일하겠습니다."

주인의 말과는 달리 손님은 많았다. 손님 안내, 방 청소, 자잘한 심부름까지 온갖 궂은일이 나에게 주어졌다. 새벽부터 밤늦게까지 일이 끝나질 않았다. 까짓 아무래도 좋았다. 설악동을 참 열심히 뛰어다녔다. 그해 영동지방에는 비가 많이 왔다. 그래도 손님은 끊이질 않았다.

당시만 해도 설악산은 부자들의 피서지였다. 그곳에서는 월급이 별 의미가 없었다. 가외 수입이 훨씬 많았다. 오는 사람마다 팁을 1,000원, 5,000원 주었다. 한 달 동안 팁으로만 50만 원을 모았다. 서울 변두리에 월세 보증금이 될 만큼 큰돈이었다. 나중에 알아보니 설악동 일대에서도 내가 모은 팁이 가장 많았다. 궂은일을 마다치 않고 최선을 다해 뛰어다닌 결과였다. 열심히 하는 사람 당할 사람은 없다.

피서철이 끝났다. 서울을 떠날 때는 돌아올 차비도 없이 갔는데 월급에 팁까지 보태 55만 원이 수중에 남았다. 그 돈을 한 푼도 건드리지 않고 돌아와 성남 상대원동에 보증금 50만 원에 월세 5만 원짜리 방을 얻었다. 내 손으로 얻은 첫 번째 거처였다.

나는 늘 그랬다. 구둣방에서 일이 없다고 쫓겨났는데 강원도에 가서 오히려 돈을 벌어온 것처럼 어떤 상황에서건 무엇을 건져냈다.

나와 함께 사업을 해본 사람들은 나를 '물에 빠져도 물고기 건져서 나올 친구'라고 말한다.

자기 앞에 놓인 사다리 오르기

'인생의 의미'를 고민하고 고민하라

서울 중곡동 '참스제화'라는 곳이 나의 두 번째 직장이었다. 월세 방이 있었던 성남 상대원동에서 멀지 않았다. 직장은 바뀌었지만 하는 일은 똑같았다. 가죽을 꿰매고 붙이고 바닥에 못을 박았다. 그런데 영등포 구둣방에서 일할 때와는 기분이 달랐다. 규모도 크고 대우도 좋았지만 이상하게 흥이 나질 않았다. 여름 한철 돈 좀 만졌다고 콧바람이 든 것은 아니었다.

'이렇게 계속 구두 만드는 일을 해도 되는 걸까?'

사춘기의 끝이라고 할 수 있는 열아홉 살에 인생에 대한 고민이 찾아왔던 것이다. 나의 고민은 직업 적합성에서 시작해 인생의 의미에 대한 근본적인 고민으로 이어졌다. 구두를 만들면서도 밥을 먹으면서도 그 고민뿐이었다. 혼자서 결론을 낼 수 없어서 똑똑해 보이기만 하면 누구든 붙잡고 '인생이란 뭡니까?'라고 물었다. 참으로 많은 사람에게 질문을 던졌지만 시원하게 답을 주는 사람이 없었다.

"구두나 똑바로 만들지 나이도 어린놈이 뭐 하러 그런 걸 물어봐."

핀잔도 많이 들었다. 왜 사람들은 나에게 답을 주지 않을까? 서운한 적도 많았다. 지금 생각해보면 다 이해가 간다. 산업화가 절정에 치닫던 1970년대 말부터 1980년대 초 너도나도 먹고사는 게 바쁜 그 시기에 내 질문은 그저 한가한 소리에 불과했다. 그렇게 1년여가 지났을까? 아, 인생은 그런 것이겠구나! 드디어 고민에 대한 답이 보였다. 무릎을 탁 칠 만한 생각이 떠오른 것이다.

'인생이란 자기 앞에 놓여 있는 사다리를 오르는 것.'

왜 갑자기 그런 생각이 들었는지 모르겠지만 사다리 이미지는 내가 막연하게 생각하고 있었던 인생의 길을 정확하게 그리고 있었다. 그 사다리는 그냥 사다리가 아니다. 끝이 보이지 않는다. 모든 사람들 앞에 놓여 있지만 싫으면 올라가지 않아도 된다. 하지만 한 발이라도 올려놓는다는 것은 무엇인가에 도전하는 것이다. 직업을 선택하고 돈을 벌고 명예를 얻는 모든 과정이 사다리를 올라가는 과정이다. 높이 올라간 사람은 인생에서 성공한 사람 소리를 듣는다.

이런 생각을 하고 난 이후부터 한 계단씩 사다리를 올라간다는 생각으로 살았다. 무엇인가 이루고 나면 한 계단 올라갔다는 생각을 했다.

인생에 대한 나름의 정의는 살아가는 데 큰 힘이 됐다. 그때부터 서른다섯 살까지 한시도 쉬지 않고 열심히 달렸는데 이게 모두 '성공의 사다리'를 오른다는 생각 때문에 가능했다.

쉼 없이 사다리를 타고 올라가다가 15년 만에 잠시 쉬면서 숨을 돌렸다. 그러고 보니 내 친구들 중에 나 혼자만 멀리 와 있었다. 성취감이 들기보다 외로웠다. 친구들에게 함께 올라가자고 손을 내밀고 직원들 복지와 사회 기부를 생각한 것도 그때였다. 어쩌면 내 인생은 그때부터가 진짜 시작이었는지도 모르겠다.

인생 사전에 '결근'은 없다

나는 인생에 대한 정의를 내린 이후부터 그 누구보다도 열심히 일했다. 출퇴근 시간도 아깝다며 거처도 성남 상대원동에서 서울 중곡동 회사 근처로 옮겼다. 맡은 일은 밤을 새워서라도 끝을 봐야 집에 돌아갔다.

그때는 교회도 열심히 다녔다. 특히 청년회에는 빼놓지 않고 나갔다. 그러던 어느 날이었다. 저녁에 교회 청년회 모임을 마치고 돌아와 자취방 문을 열고 들어가려던 참이었다. 연탄아궁이 주변에 걸쳐놓은 양말이 마르다 못해 노랗게 익어가는 게 눈에 보였다. 지금까지 그런 적은 없었다. 언젠가 누군가로부터 '연탄 위 솥 물이 끓으면 굴뚝이 막힌 것'이라는 소리를 들은 기억이 떠올랐다.

연탄가스가 누출된 신호일 수 있었다.

'연탄가스가 새나?'

혹시 몰라서 방문을 10센티미터 정도 열어놓고 잠을 잤다. 그 짐작은 틀리지 않았다. 아침에 일어났는데 머리가 깨질 듯 아팠다. 가스가 들어온 것이다. 당시는 연탄가스로 사망하는 사건은 신문 기사에 실리지도 못할 만큼 흔했다. 지난밤 열어두었던 방문 틈새가 나를 살린 것이다. 자칫 큰일을 치를 뻔한 순간이었다.

밖으로 뛰쳐나와서 신선한 공기를 마구 들이마셨다. 정신이 조금씩 맑아지기 시작했다. 하지만 몸이 마음대로 움직이질 않았다. 이미 중독된 상태였다. 그 와중에도 머릿속에는 출근 걱정뿐이었다.

'출근해야 해. 오늘 만들어야 할 구두가 열 켤레가 넘어.'

방에 들어가기가 겁나서 자고 일어난 복장 그대로 회사를 향해 걷기 시작했다. 발이 제대로 옮겨지지 않았다. 잠깐 가다 쉬고 잠깐 가다 쉬고 꼭 100세 노인 걸음이었다. 나중에는 양손으로 벽을 번갈아 짚어가며 한 걸음씩 발을 옮겼다. 10분 거리에 있는 회사까지 가는 데 한 시간도 더 걸렸다.

"사장님! 저 이제 출근했어요. 가죽 주세요."

사장은 허옇게 뜬 내 얼굴을 보더니 주려던 일감을 팽개치고 나를 부축해 자리에 뉘었다.

"무슨 일이냐? 어디가 아프냐?"

자초지종을 이야기했더니 사장이 더 놀라면서 얼른 병원으로 가라고 했다. 나는 그 소리를 듣고 나서야 병원에 가서 누웠다.

나는 '결근'이라는 걸 모르고 살았다. 아무리 아파도 회사에 갔고 회사로부터 허락이 떨어져야 쉬었다. 회사에 잘 보이려고 그런 게 아니다. 단지 나는 늘 일을 앞에 두고 살았을 뿐이다.

일을 먼저 해결하고 그다음에 쉬는 습관을 들여야 한다. 그래야 일이 손안에 놓인다. 성공은 일을 컨트롤하는 데서부터 시작된다. 일에 치이다 보면 계속 끌려갈 뿐이다. 결근이란 단어를 아예 머릿속에서 지워라.

성실하면 기회는 반드시 온다

당시 나보다 세 살 많은 선임이 있었다. 일을 잘했다. 나도 일을 잘했지만 여전히 견습공이었다. 기술자인 그에게서 많이 배웠다. 그는 참스제화의 '선생'이기도 했다.

그러나 그 선임에게는 한 가지 결점이 있었다. 사장이 자리를 비우거나 시간이 조금이라도 나면 밖으로 뛰쳐나갔다. 아프다는 핑계로 결근도 많았다. 한창 놀고 싶어 할 나이였다.

연탄가스를 마셔도 회사에 나오던 나로서는 툭 하면 회사를 나오지 않던 그 선임을 이해하기 힘들었다. 결국 그 선임은 회사를 그만두었다. 사장은 이미 어느 정도 예상하고 있었다는 듯 그를 찾지 않았다. 오히려 내게 물었다.

"선생 역할을 네가 한번 해볼래?"

얼마나 듣고 싶었던 질문인지 모른다.

"맡겨만 주십시오."

이렇게 나는 스무 살이라는 어린 나이에 기술자 겸 선생으로 승진했다. 구두 업계를 통틀어도 빠른 진급이었다. 내 밑에 하견습, 중견습, 상견습 몇십 명이 생겼고, 나는 그들에게 기술을 지도할 자격이 생겼다.

예정된 승진은 아니지만 기분이 좋았다. 사장이 나의 성실함을 늘 마음속에 두고 있었다는 사실에 가슴이 뿌듯했다. 그제야 사회생활이 본격적으로 시작되는 느낌이었다.

한편으로는 운이 좋다는 생각도 들었다. 그 선임이 성실한 사람이었다면 나는 아마 한동안 견습공으로 지내야 했을 것이다. 다시한 번 운을 부르는 내 이름 원길元吉을 생각했다.

견습공 시절에도 그랬지만 기술자가 된 이후에는 정말 죽을 각오로 일했다. 기술자가 좋은 이유는 단순히 '기술자' 소리를 들어서가 아니다. 당시 구두공장은 '도급제'였다. 한 명의 기술자 밑으로 여러 명의 견습공이 있다. 이 한 팀이 책임지고 완성된 구두를만들어내는 데 완성품 개수만큼 기술자에게 돈이 떨어진다. 일정한 급여를 받는 견습공과는 차원이 다르다. 그러니 일 욕심 많은내가 얼마나 열심히 일했겠는가!

큰물에서 놀라

구두 제작 공정은 크게 제단, 제갑, 저부 세 부분으로 나뉜다. 나는당시 구두 모양을 완성하는 저부 조립 기술자였다. 구두 제작 기술이 많이 발전했지만 저부 가공은 지금도 기술자들이 일일이 손으로 꿰매서 작업한다. 구두 한 켤레가 만들어지는 시간은 최소 두 시간이 걸린다. 모양도 없던 가죽이 두 시간 후에 멋진 구두로 변신하는 걸 보면 직접 만들면서도 가슴이 뿌듯하다. 완성된 구두에는 기술자 고유 번호를 찍는다. 내 번호는 '1번'이었다. 참스제화에서 만드는 구두는 거의 다 케리부룩에 납품했다. 당시 케리부룩은 금강, 에스콰이어, 엘칸토 다음으로 큰 회사였다.

케리부룩에서는 내가 만든 구두, 내 고유 번호 '1번'이 찍힌 구두를 좋아했다. 영업 담당자가 우리 제화점에 오면 많은 사람 앞에서 나를 칭찬하곤 했다. 케리부룩 안에서 내가 꽤나 유명하다는 소리도 했다. 내가 참스제화에서 최고 기술자로 인정받기 시작할 무렵, 케리부룩에서 스카우트 제의가 왔다.

나는 그 제의를 받아들였다. 당시 성공에 대한 열망이 강했던 나는 항상 '큰물로 가야 한다'고 생각하고 있었다. 서산에서 영등포로 옮겼다가 다시 중곡동으로 옮긴 것도 다 그런 이유 때문이었다.

"저, 케리부룩으로 가게 됐습니다."

참스제화 전만길 사장에게 어렵게 말을 꺼냈다.

"지금껏 키워주었더니 다른 회사로 가겠다는 거냐? 절대 안 돼."

나는 이런 말이 돌아올까 봐 조마조마했다. 하지만 그는 오히려 웃으면서 큰 소리로 말했다.

"그래? 그럴 줄 알았어. 축하해."

나중에 알고 보니 김정현 케리부룩 사장이 우리 회사에 몇 번 와 보고는 내가 욕심이 나서 참스제화 전만길 사장에게 스카우트를 이미 부탁해 놓은 상태였다. 협력업체보다 참스제화에 더 많이 주문하겠다는 이면계약도 되어 있었다. 이렇게 해서 나는 꽤 인정을 받고 케리부룩으로 가게 되었다. 1983년 23세 때 일이었다.

내가 너희들에게 내 성공의 비밀을 털어놓겠다.
나의 모든 힘은 끈기 이외에는 아무것도 없다.
— 루이 파스퇴르, 프랑스 과학자

바람과 파도처럼
도전하라

대한민국 최고의 구두 기술자가 되겠다

나는 큰 야망을 품고 직장을 옮겼다. 케리부룩 본사는 인천 부평에
있었다. 하숙집을 회사 근처로 옮기고 마음을 다시 한 번 다잡았다.

하지만 나는 그곳에 출근하자마자 촌놈으로 불렸다. 그도 그럴
것이 케리부룩은 생산직 직원만 100명이 넘었고 창고에는 구두가
수천 켤레나 쌓여 있었다. 매일같이 커다란 트럭이 들어오고 나갔
다. 이런 광경을 보고 어리둥절해하고 있으니까, 선배 기술자들이
놀려대기 시작했던 것이다.

"여기 촌놈 왔네."

빨리 이루기 위해서 때론 천천히 가라

그것뿐만이 아니었다. 자기 솜씨에 대한 자부심이 충만한 기술자들만 생활하는 곳이다 보니 텃세도 이만저만 하지 않았다. 특히 신참과 다름없었던 나에게는 손이 많이 가서 기술자들이 기피하는 구두들만 떨어졌다.

시간이 많이 걸리는 모델을 받으면 그만큼 수입이 줄어들 수밖에 없다. 기분 나쁘게 받아들일 수도 있고 왜 나에게만 어려운 일을 주느냐고 따질 수도 있었다. 하지만 나는 그마저도 즐겼다. 모두 거쳐야 하는 과정으로 생각했다. 어려운 일도 싫은 내색 없이 해냈더니 점차 손쉬운 구두들이 떨어지기 시작했다. 내 평가도 좋아졌다.

"어떤 일도 김원길에게 맡기면 완벽하게 끝낸다."

그런 소리가 들리기 시작하더니 자존심 센 선배 기술자들도 하나둘 내 옆에 와서 한마디씩 칭찬을 하고 갔다.

"어린 친구가 잘 만드네."

정말 일할 맛이 났다.

"일 없어요? 일 더 주세요."

공장장 찾아가서 그렇게 말하는 게 버릇이 들 정도로 일을 빨리 해치웠다. 얼마 지나지 않아 케리부룩에서 여화女靴를 가장 잘 만드는 기술자가 됐다. 여화는 굽 제작이 힘들다. 가장 어렵다는 '스택힐'*도 나의 일이었다.

---

*stack heel, 가죽을 절단해 쌓아올린 층굽. 틀에 가죽을 싼 후 한 번에 잘라 만들어야 하기 때문에 힘들다.

그러던 어느 날이었다. 공장에서 한창 일하고 있는데 기술자들이 모여서 '전국기능경기대회' 이야기를 하고 있었다. 그게 뭔가 싶어 자세히 들어보니 우리 회사에서 최충선(가명)이란 직원이 경기도 대표로 전국기능대회에 나가기로 돼 있다는 이야기였다. 나와 나이가 같은 그 친구는 남화男靴 기술자였다.

생각해보니 사장이 공장에 내려오면 늘 그 친구 등을 두들겨주곤 했다. 그때마다 '저 친구는 왜 사장에게 매번 칭찬을 받지?' 궁금했는데 그 이유를 알게 된 것이다. 나도 전국기능경기대회에 나가고 싶었다. 하지만 이미 사람이 정해져 있으니 기회는 없는 것이나 마찬가지였다.

용기가 곧 성공이다

최충선은 누가 봐도 업계 최고의 기술자였다. 굽 따기, 창 가공, 꿰매기, 굽 달기 등 모든 과정에서 완벽했다. 내가 봐도 감탄사가 절로 나왔다. 하지만 이 친구에게도 부족한 게 한 가지 있었다. 마음이 모질지 못해서 가끔 엉뚱한 사고를 쳤다. 잠적. 어느 날 갑자기 아무도 모르게 '스윽' 사라지는 것이다. 그는 내성적이고 소심한 사람이었다. 회사에서 받는 스트레스를 그렇게 풀었다.

그때도 그랬다. 전국기능경기대회를 3개월 남겨둔 시점에서 사라졌다. 금메달에 대한 중압감을 이기지 못하고 사고를 치고 만 것이다.

"앗, 뭐야? 또 도망갔어?"

"큰일 났어. 최충선이 사라졌어!"

공장이 난리가 났다. 전 직원이 최충선 찾기에 나섰다. 그의 자취방을 뒤지고 근처 만화방을 뒤지고 고향 친구에게 연락을 했다. 나는 특별히 할 일이 없었기에 사건이 해결되는 과정을 그저 지켜볼 수밖에 없었다. 사건이 나고 하루가 지나지 않아 최충선이 고향 원주에 내려가 있다는 소식이 들려왔다.

사장이 직접 원주에 내려갔다. 워낙 중대한 사안이기 때문에 다른 사람이 움직여서는 해결하기 힘들다고 판단한 것이다. 그 마음 약한 사람이 그렇게 중대한 시기에 회사에서 사라졌다면 마음을 단단히 먹은 게 분명했다. 하루가 더 지났다. 사장은 끝내 최충선을 데려오지 못했다. 최충선의 의지가 워낙 강했고 그의 부모까지 '이제 그만 두라'고 제재하고 나섰으니 어찌할 방법이 없었다.

그 사건 이후, 공장 분위기는 말이 아니었다. 최충선이 나가면 금메달을 따는 것은 불 보듯 뻔한 일이고 회사에서는 금메달 획득을 대대적으로 홍보할 계획이었다. 실망이 클 수밖에 없었다. 공장장은 매일 우리 앞에서 한숨만 쉬었다. 보다 못한 내가 공장장에게 불쑥 말을 걸었다. 작정하고 한 말이 아니고 그냥 불쑥 터져 나왔다.

"그거 제가 하면 안 돼요?"

"뭘?"

"전국기능경기대회요. 제가 출전하겠습니다."

그동안 누구에게 말한 적은 없지만 나는 전국기능경기대회 출전을 간절하게 바라고 있었다. 최충선의 이탈이 나에게 하느님이 주신 기회처럼 여겨질 정도였다.

나는 기회가 왔을 때 아주 적극적이다. 더군다나 일생일대의 기회가 될 수도 있는 상황이었으니 나의 목소리와 눈빛은 그 어느 때보다도 열렬했다. 공장장도 내 눈빛을 보더니 장난이 아니라는 생각을 한 모양이다. 나를 조용한 곳으로 부르더니 진지하게 물었다.

"너는 여화 전문인데 남화도 할 수 있겠냐?"

"할 수 있습니다."

남자 구두는 만들어본 적이 거의 없다. 하지만 내 입은 내 의지대로 말하고 있었다. 어디서 그런 자신감이 나왔는지 모르겠다.

"진짜 해볼래?"

"네. 제가 해볼게요."

"여화 기술자가 남화 기술자로 변신하는 게 생각만큼 쉽지 않아."

내 운명은 내가 만든다

공장장을 설득하는 게 가장 큰 어려움이었다. 그도 나의 기술은 인정하고 있었지만 전혀 다른 분야에 도전해야 한다는 것에 큰 부담을 느끼고 있었다. 결과가 좋지 않으면 '케리부룩 최고 기술자가 입상도 못했다'는 비판까지 감내해야 하니 쉬운 결정은 아니었다.

그건 나도 알고 있었다. 그럼에도 불구하고 나는 계속 설득했다. 어차피 뱉은 말이고 이번이 아니면 다시는 나에게 이런 기회가 오지 않을 것 같았다. 그렇게 열흘 정도 지나고 공장장이 나를 접견

실로 불렀다.

"네가 출전해라. 대신 반드시 금메달을 따야 한다. 다른 메달은 우리에게 아무 의미가 없다."

선택의 여지가 없는 명령이었다. 해야 할 일은 오직 하나뿐. 전국 기능경기대회 금메달 획득이다. 회사에서 수많은 기술자 중에 나를 최충선의 대체자로 지목한 것은 내 기술이 최고라서가 아니었다. 나 정도 기술을 가진 사람은 우리 회사에도 적지 않았다. 그럼에도 내가 그 대회에 출전하게 된 것은 나의 독기와 성실함을 회사에서 높게 평가했기 때문이다.

나는 회사에서 최고로 성실했다. 점심시간 1시간도 그냥 지나가는 게 아까워서 밥 먹는 데에는 20분만 쓰고 남들이 쉬면서 보내는 40분 동안 자리에 앉아서 일했다. 그렇게 저녁 시간까지 쉼 없이 일했다. 회사에서는 '이런 놈이라면 사고를 칠 수도 있겠다'고 판단한 것이다. 과제는 이미 주어져 있었다. 구두 기술 중 제일 어렵다는 'Good year 제법'이다. 이 기술은 바느질과 가죽창 가공 기술이 관건이다. 나는 예나 지금이나 가죽창 가공과 꿰매는 기술에는 자신이 있다. 내가 '할 수 있다'고 공장장을 계속 설득한 것이나 공장장이 나의 제안을 받아들인 것도 바로 바느질 실력 때문이었다. 남은 기간은 70여 일. 죽어라 꿰매고 또 꿰맸다.

시련은 예고가 없다

1984년 9월 제19회 전국기능경기대회. 결전의 순간이 왔다. 각 부문마다 시도 대표 한두 명이 출전했다. 나는 '제화 직종' 경기도 대표(당시엔 인천이 경기도였다)로 출전했다. 전국기능경기대회라는 이름이 붙어 있어서 운동 경기할 때처럼 시끌벅적할 줄 알았다. 그런데 막상 현장에 가보니 긴장감만 가득했다. 그도 그럴 것이 대회에 참가자를 배출한 회사들 중에는 사운을 건 곳도 적지 않았다. 우리도 그들과 별반 다르지 않았다.

경기가 시작됐다. 모든 출전자들은 구두 제작에 무섭게 집중하기 시작했다. 옆에서 누가 무엇을 하는지 눈길을 줄 겨를도 없었다. 지독한 혼자만의 싸움이 시작된 것이다. 나 역시 그 어느 때보다 최선을 다했다. 집중에 집중을 더했다. 특별히 실수는 없었다. 바느질도 연습 때처럼 술술 풀렸다. 마감도 산뜻했다. 다른 참가자들 중에 가장 먼저 작업을 끝내고 의기양양하게 완성품을 제출했다. 결과는 3일 후에 나지만 느낌으로는 금메달이었다.

결과 발표일.

나는 회사 임원들과 함께 경기장에 갔다. 사장은 나에게 계속 금일 거라고 말했다. 그러나 경기장에 들어서자 행사장 분위기가 좀 이상했다. 발표를 앞두고 긴장감이 돌아야 하는데 여기저기서 웅성웅성거리고 있었다.

"도대체 이런 경우가 어디 있어!"

소리를 지르는 사람도 있었다. 도대체 무슨 일이지?

내용을 알고 나니 참 어이가 없었다. 살다 보니 이런 일도 생기는구나 싶었다. 결론부터 말해서 주최 측에서 준비한 구두 재료에 심각한 문제가 있었다. 질이 떨어지는 재료를 쓰다 보니 접착제를 말리는 3일 동안 가죽이 오그라들어서 정도의 차이가 있었지만 모든 구두의 뒤축에 주름이 지고 말았다. 그러니 행사장 안이 시끄러울 수밖에. 참가자들은 다들 울상이었다.

결과는 동메달. 나는 더 울고 싶었다. 바느질에 자신 있어서 뒤축을 더 팽팽하게 만든 탓에 주름이 더 심했다. 억울했다. 재료가 쭈그러드는 건 기능의 문제가 아니었다. 확신하건대 재료만 문제가 없었다면 내가 금메달이었다. 동메달을 받고 나니 억울하기도 하고 창피하기도 하고 감정을 추스를 수가 없었다. 사장은 동메달 소리를 듣고 이미 자리를 뜨고 없었다.

회사에 오니 분위기가 아주 심각했다. 금메달 따면 펼치려고 했던 홍보 계획이 전면 백지화됐다. 직원들이 나를 보고도 못 본 체했다. 회사를 다닐 수 없는 분위기. 휴가 내고 무작정 부산행 열차에 올라탔다.

실패와 좌절은 다르다

'왜 금메달을 못 땄을까?' '나에게 부족한 것은 무엇일까?' '회사 사람들은 나를 어떻게 생각하고 있을까?'

지금은 없는 완행열차. 그 안에서 계속 생각했다. 부산 가는 7시간 내내 고민과 고민이 이어졌다. 금메달 상금 500만 원은 당시 서울에서 전셋집을 얻을 수 있는 돈이었다. 어찌 후회가 없었을까? 별의별 생각이 다 들었다.

'금메달을 땄으면 서울에서 아파트 전세를 얻을 수 있었는데…….' '고향 마을에 플래카드가 붙을 수도 있었는데…….' '부모님에게 효도 한 번 제대로 할 수 있었는데…….'

이런 생각까지 들면 아주 달리는 기차에서 뛰어내리고 싶었다. 부산역에 도착했다. 택시를 타고 태종대에 갔다. 언젠가 고민 많은 사람들이 찾아오는 곳이라는 소리를 들은 기억이 있었다.

태종대 주변을 한참 동안 배회하다가 등대 밑 포장마차에 앉았다. 꼼장어를 시켜놓고 먹을 줄 모르는 소주를 들이켰다. 쓰디썼다. 그래도 마셨다. 석 잔도 안 마셨는데 이내 취기가 올라왔다. 시간은 밤 10시를 넘어서고 있었다. 술에 취해 혼잣말을 중얼거리고 눈앞에 광경이 이리저리 흔들거리고 있는데 불현듯 기암절벽이 눈에 들어왔다.

'멋있네. 이걸 누가 만들었을까? 이걸 만드는 데 얼마나 걸렸을까? 어쩜 이렇게 잘 만들었을까?'

혼자 공상을 시작했다.

'바람과 파도가 만들었겠지. 그럼 몇 년이나 걸렸을까?'

여기서 공상이 멈췄다. 1,000년 2,000년 5,000년…… 도저히 계산이 안 됐다. 아마도 수만 년이 걸렸을 것이다.

'바람과 파도는 무엇 때문에 이토록 오랫동안 바위를 갈고닦는 것일까?'

생각이 여기에 미치자 갑자기 나 자신이 한없이 초라해지는 것을 느꼈다. 하늘의 기술을 가진 바람과 파도는 언제 완성된다는 기약 없이도 수만 년 동안 그저 묵묵히 바위를 다듬고 있는데 겨우 70일 훈련해놓고 신세 한탄이나 하는 자신이 한없이 부끄러워진 것이다. 정신이 바짝 들었다.

'다시 일해야 한다.'

열망이 불같이 솟아올랐다. 손에 쥐었던 소주잔을 버리고 그 길로 서울로 올라왔다. 서울로 올라오는 길에 '다시 도전한다.' '무던하게 노력할 것이다.' '바람과 파도처럼 다시 도전할 것이다.' 수백 번도 더 되풀이했다.

금메달을 놓친 것은 당시에 큰 아픔이었지만 그 실패가 나에게 엄청난 보석이 됐다. 태종대의 절벽은 실패가 좌절로 이어져서는 안 된다는 깨달음을 주었고 이후로 나는 더욱 겸손해졌고 단단해졌다.

만일 그때 단숨에 금메달을 땄다면 세상 무서운 줄 모르고 살았을 것이고 나중에 더 큰 실패와 좌절을 맛보았을 것이다. 동메달을 딴 덕분에 겸손을 배웠다. 방황도 많이 했지만 금메달보다 소중한 것을 얻은 셈이다.

그 후로도 가끔씩 마음이 약해질 때면 부산 태종대를 찾아간다. 태종대와 바위와 파도와 바람은 30년 전과 변함이 없다. 그걸 보면 각오가 다시 새로워진다. 이제는 태종대가 멀리 있는 친구 같다. 그래서 사람들이 '무슨 일로 부산에 가느냐?'고 물으면 '친구 만나러 간다'고 답한다.

오뚝이처럼 일어나라

죽기로 작정한 날, 마포대교 앞에서 자동차 시동을 걸었다. 밤 공기는 쌀쌀했고 별 하나 보이지 않았다. 마지막으로 우리 회사에 관리이사로 있던 김주환이라는 고향 친구에게 전화를 걸었다. "나, 지금부터 연락 없으면 한강에 차 몰고 들어가서 죽은 줄 알아." 친구는 한동안 말이 없었다. 그때 그 친구가 말렸으면 바로 죽었을 것이다. 그런데 그 친구는 한참 침묵을 지키더니 나를 달래기는커녕 오히려 화를 내기 시작했다.

불타는 열정 한 걸음 한 걸음이 모여
꿈을 이룬다

성공과 실패는 달과 바닷물, 산과 계곡, 바람과 나무처럼 서로 밀접한 관계로 맺어져 있다.
고난의 골짜기를 통과하지 않고는 행복의 진정한 가치를 깨달을 수 없다.
— 셰리 카터 스콧, 『영혼을 위한 닭고기 수프』 저자

사랑한 만큼 할 수 있다

'저러다 말겠지.'

모두 내가 한창 풀이 죽어 지낼 줄 알았다. 그런데 내가 더 힘을
내자 회사에서 오히려 어리둥절해했다.

나는 전국기능경기대회 이후 기술자로 더 열심히 일했다. 시간
이 지나자 직원들이 나를 다시 인정하기 시작했다. 사실 당시에는
다른 사람의 시선은 별로 중요하지 않았다. 그저 최고의 기술자가
되기 위해 부단히 노력하면 그만이었다.

나무가 아닌 숲을 보자

"구두 만드는 기술자가 벌어봐야 얼마나 벌겠어?"

당시만 해도 우리 사회에는 기술자가 천대받는 분위기가 있었다. 그래서 우리 같은 구두 기술자들도 좋은 대접을 받지는 못했다. 하지만 이건 어디까지나 겉으로 보이는 부분일 뿐이다.

내가 기술자로 일하던 당시 내 수입은 사무직보다 몇 배나 많았다. 1980년대 중반 내 월급은 120만 원 정도였다. 그 수준이면 당시 잘나가는 대기업 부장 수준이었다. 어느 유명 선수가 한 방송 프로그램에 나와서 자신의 월급을 공개했는데 '월 200만 원'이라는 소리를 듣고 '어, 나랑 별 차이 나지 않네!'라는 생각을 한 적이 있다. 20대에 대기업 부장 월급을 받고 있었으니 사실 돈 때문에 아쉬울 일은 없었다.

그 같은 고소득이 가능했던 것은 도급제 때문이다. 많이 만들수록 수입이 높아지니 나처럼 욕심이 많은 기술자들은 매일 밤 12시까지 구두를 만들어냈다. 물론 정신없이 일만 하느라 여가 활동을 즐길 시간은 없었다.

회사 입장에서는 도급제가 마냥 좋은 것도 아니다. 구두 숫자로만 돈을 따지다 보니 품질에 문제가 생길 가능성이 많다. 기술자 입장에서도 새로운 기술을 연마하기보다는 '그저 만드는' 것에 열중하게 되는 한계도 있다.

'높은 수익을 유지하면서 구두의 질도 높이는 방법은 없을까?'

그 시절 나에게는 그 부분이 아무리 고민해도 풀리지 않는 숙제였다. 주변 사람들에게 질문을 던져보았지만 구두 업계 그 누구도 그 물음에 해답을 갖고 있는 사람은 없었다. 그저 기복신앙처럼 '구두시장이 계속 커져라' 기도하는 수밖에 없었다.

하지만 나는 답을 얻고 싶었다. 방법은 하나였다. 내가 그 어마어마한 질문에 답을 얻을 수 있는 길은 '기술자를 그만두는 것'뿐이었다.

기술자로 일해서는 죽을 때까지 구두산업 전체를 볼 수 없다. 그러나 관리 업무를 배우고 영업을 배우고 경영자가 되면 산업이 보인다. 결론이 여기에 이르자 더 이상 지체할 이유도 없었다. 회사에 생산관리부서 발령을 정식으로 요청했다.

돈보다 중요한 것을 택하라

"생산관리로 부서를 옮기면 월급이 반의반도 안 되는데 어떻게 살려고 그래?"

공장장이 나를 이상한 사람 취급하면서 어이없다는 듯 질문을 던졌다. 당시 내 나이 스물다섯. 돈은 중요하지 않았다.

"월급은 상관없습니다. 주는 대로 받겠습니다."

"나 원 참. 자네 별나네. 알았어. 원하는 대로 해줄게."

결국 월급 30만 원에 생산관리부 직원이 됐다. 당시 관리직 월급은 25만 원 정도였으니 그나마 5만 원 더 얹어준 셈이다. 1985년 일이다.

여러 부서 중에 먼저 생산관리를 택한 것은 우리 회사 품질을 눈으로 확인하고 싶어서였다. 구두 회사라면 구두를 제대로 만들어야 조직이 제대로 돌아갈 거라는 생각을 한 것이다. 나는 그렇게 새로운 일을 시작했다.

기술자들이 구두를 만들면 나에게 합격점을 받아야 매장으로 나갈 수 있고 매장의 매출은 내 검수를 받고 본사로 들어왔다. 월급은 적었지만 제품과 매장을 연결해주는 접점에서 일을 한다는 사실이 만족스러웠다.

내가 품질 관리를 맡은 후 케리부룩은 큰 변화를 겪기 시작했다. 기존의 품질 관리 부서 직원들은 구두 제작 경험이 없었다. 제품이 좀 이상해 보여도 기술자들이 '모르는 소리 하지 말라'며 우기면 품질검사에서 합격점을 줄 수밖에 없었다. 하지만 나는 누구보다도 구두를 잘 알고 있었던 나는 작은 결함만 보여도 클레임을 걸었다. 기술자 입장에서는 피곤해질 수밖에 없었다.

"이 구두가 왜 불량이야?"

시간이 지나자 기술자들이 따지기 시작했다.

"보세요. 바느질 선이 흔들렸잖아요."

"아니, 이 정도 하자 가지고 계속 클레임 걸 거야?"

기술자들과 하루에도 몇 번씩 부딪혔다. 그들도 짜증스러웠겠지만 나도 힘들었다. 어느 날은 나 때문에 열 받는다며 어느 기술자가 술에 잔뜩 취해 들어와 주먹을 날리기도 했다. 사실 이해는 갔다. 기술자 입장에 있었다면 나도 그랬을 것이다. 품질검사를 통과한 개수만큼 돈을 받아 가는데 절반은 불합격 판정을 받았으니 얼마나 열 받았겠는가.

하지만 나도 물러서지 않았다. 내 입장에서는 눈에 빤히 보이는데 품질 관리를 대충할 수는 없었다. 기술자들이 강하게 나올수록 더 꼼꼼하게 제품을 살폈다. 극과 극이 대립하는 상황. 다소 느슨했던 공장이 살벌한 현장으로 바뀌었다. 급기야 기술자들이 파업을 선언했다. 내가 품질 관리를 시작한 지 6개월째 되는 날이었다.

"김원길 때문에 일 못 하겠다. 김원길을 내쫓지 않으면 우리가 모두 그만두겠다."

기술자들이 하던 업무를 모두 팽개치고 경영진을 살벌하게 압박했다. 난생처음 겪는 일이었다. 그들은 정말로 그만둘 각오로 덤볐다. 100명의 기술자가 작정하고 파업을 한 상황. 사장 입장에서는 매출을 생각해서라도 그들의 요구를 받아들일 수밖에 없었다. 나는 그때 거기서 끝이라고 생각했다. 임금 인상을 요구하는 스트라이크도 아니고 그저 나만 자르면 끝나는 일이었다.

가고자 하는 길을 가라

사무실에서 보고를 받던 김정현 대표가 파업 현장에 등장했다. 시끄럽던 현장이 일순간 조용해졌다. 그는 나를 불렀다. 그의 입에서 나올 이야기는 뻔했다. 나는 '사형 선고'를 기다리고 있었다.

"자네가 열심히 하고 있다는 사실을 내가 다 알고 있다. 자네가 가고자 하는 길로 가게. 자네를 믿네. 여기 있는 기술자들 모두 그만둬도 좋아. 구두 만드는 기술자는 널려 있으니 다시 뽑으면 되네. 구두 품질이 가장 중요해."

그야말로 반전이었다. 사장이 내 편을 들어주리라고는 아무도 생각하지 못했다. 파업 현장은 혼란 속에 휩싸였다. 기술자 절반은 사장의 '기술 중심' 선언과 동시에 파업 대열에서 빠져나갔다. 나머지 기술자들도 웅성웅성거리더니 무리를 지어 싸우기 시작했다. 나의 승리였다. 내가 품질 관리를 맡으면서 시장의 평판이 좋아졌다는 것을 사장은 이미 알고 있었던 것이다.

직장 생활을 하다 보면 동료와 대립해야 하는 상황이 생기기도 한다. 갈등의 순간에는 무엇이 회사를 위하는 길인지를 판단해서 배짱을 부릴 줄 알아야 한다. 잘못된 일에 뜻을 굽히면 마냥 제자리다.

물론 무조건 배짱만 부려서 될 일은 아니다. 자기가 뱉은 말에 100퍼센트 책임질 각오를 해야 한다. 당시 케리부룩 사장이었던 김정현 대표는 나에게 '신뢰'가 무엇인지 알려주었고 '배짱'도 가르쳐줬다. 참 고마운 분이다.

아랫사람에게 자신감을 심어주는 것은 굉장히 중요하다. '너는 할 수 있어' '네가 최고야'라는 이야기를 해주면 정말 근사한 직원으로 성장한다. 회사 생활은 자신감이 9할이다.

사장이 나 때문에 파업을 일으킨 기술자들을 등지고 내 손을 들어준 그 순간, 나는 큰 자신감을 얻었다. 이후 케리부룩에서 승승장구할 수 있었던 것도 자신감 덕분이었다. 지금도 당시 김정현 대표가 했던 말이 또렷이 기억난다.

"자네가 가고자 하는 길로 가게. 자네를 믿네."

실행이 전부다. 이것이 나의 지론이다.
아이디어가 전체 업무에서 차지하는 비중은 5퍼센트에 불과하다.
아이디어의 좋고 나쁨은 어떻게 실행하느냐에 따라 결정된다고 해도 과언이 아니다.
— 카를로스 곤, 닛산 자동차 사장

일찍 뛰어들어라

영업 관리도 품질 관리만큼이나 꼼꼼하게 했다. 얼마나 정확하게
관리했는지 그 시절에 내 별명이 '컴퓨터'였다.

케리부룩에서 나오는 모든 모델 번호를 외우는 것은 물론이고
전국 70여 개 매장의 재고 상태도 줄줄 꿰고 있었다. 모델 번호를
못 외우는 매장에서 말로 설명해도 그 제품을 정확하게 짚어서 보
내줄 정도였다. 그러다 보니 어느 지역에서는 어느 모델이 잘나가
고 어느 지역에서는 특정 시기에 구두 판매가 좋다는 지금으로 치
면 '마케팅 분석 데이터'도 내 머릿속에는 이미 들어 있었다.

100퍼센트로 살아라

이 모든 게 그냥 가능했던 것은 아니다. 많은 노력이 숨어 있었다. 새로운 모델이 나오면 연필로 스케치하면서 기억했고 매장 재고 상태도 노트를 따로 만들어서 일일이 정리했다. 데이터가 쌓이자 손이 빨라졌다. 다른 직원이 몇 시간 걸릴 일을 단숨에 처리했다. 전국의 대리점 사장들이 나만 찾았다.

나의 입지는 계속 커졌다. 당시 나의 꿈은 케리부룩 사장이었다. 마음속 꿈이 아니었다. 어느 자리에서든 이 꿈을 자신 있게 말했다.

"조금만 기다리십시오. 제가 사장 자리까지 가겠습니다."

심지어 나는 과장, 부장, 전무, 상무 다 있는 자리에서도 사장을 향해 치기 어린 선언을 하기도 했다. 이런 지나친 의욕이 나중에 화살이 돼 돌아올 줄은 당시에는 몰랐다. 당시 내 직급이 대리였다.

1989년 어느 날 일이었다. 김정현 대표가 외부에서 전문 영업인 A씨를 뽑아왔다. 케리부룩이 백화점에 진출하기 위해 야심 차게 영입한 인재였다. 그리고 얼마 후 동인천역 인천백화점에 거짓말처럼 케리부룩 매장이 생겼다. 케리부룩으로서는 역사적인 순간이 아닐 수 없었다.

그러나 기쁨도 잠시 입점한 지 한 달도 안 돼서 백화점으로부터 '철수' 통보가 날아왔다. 화가 치밀어 올랐다. '미래의 케리부룩 사장'이라고 호언장담할 정도로 애사심이 최고조에 달했던 시기여서 더 그랬다. 나는 분을 참지 못하고 회사 임원이 다 모인 자리에서 막말을 뱉고 말았다.

"나쁜 놈들. 도대체 무슨 소리 하는 거야. 매장 연 지 얼마나 됐다고. 나가라는 게 말이나 돼. 들어가서 다 뒤집어엎어 버릴까 보다."

말을 뱉긴 했는데 강도가 너무 셌다. 내가 아무리 회사에서 인정받는 사원이긴 했지만 대리 입에서 나올 소리는 아니었다. 속으로 '실수다' 싶었다. 정적이 흘렀다. 나는 그저 어정쩡하게 서 있을 수밖에 없었다.

"내가 백화점까지 태워다줄까?"

옆에 앉아 있던 한 협력업체 사장이 나를 부추겼다. 불난 집에 기름 붓는 상황이었다. 나도 이미 큰소리를 친 상황에서 아니라고 할 수가 없었다.

"좋아요. 태워다주세요."

나는 그 협력업체 사장과 곧바로 인천백화점으로 향했다.

절대, 절대, 절대 포기하지 마라

"이 나쁜 놈들아! 매장 연 지 얼마나 됐다고 퇴출 통보냐! 돈 줘. 나갈 테니까. 인테리어비 달라고."

내가 할 수 있는 일은 한 가지뿐이었다. 최악의 '궂은 꼴' 보여주기. 나는 인천백화점 로비에 들어서자마자 소리부터 질렀다. 점잖은 백화점에서 혈기 왕성한 20대 청년이 고래고래 소리 지르고 난리를 치자 손님들이 겁에 질려 백화점을 빠져나가기 시작했다. 문을 닫는 매장도 있었다.

백화점 관계자 수십 명이 부리나케 뛰쳐나와 나를 둘러쌌다. 하지만 내가 성질을 너무 내는 바람에 쉽게 다가오지 못했다. 보는 사람이 많아서 힘으로 막 제압할 수도 없는 상황이었다. 이러지도 저러지도 못하고 백화점 측에서는 그저 나를 달래려고만 했다.

"흥분을 가라앉히시고 대화로 풉시다."

"흥분을 어떻게 가라앉혀! 우리가 백화점 들어오려고 얼마나 준비했는지 알아? 매장 다시 오픈시켜!"

실랑이가 한참 동안 진행됐다. 백화점 직원들도 더 이상 안 되겠는지 임원을 한 명 불러왔다.

"사무실에서 이야기합시다. 제가 다 들어주겠습니다."

그 임원은 다른 사람들과 달리 아주 점잖게 이야기했다. 상대가 차분하게 나오니까 더 이상 소리를 지를 수가 없었다. 일단 그를 따라 사무실로 올라갔다. 임원이 먼저 말을 꺼냈다.

"알아두셔야 할 내용이 있습니다. 매출이 너무 안 좋았어요. 케리부룩에게 영업 잘해달라고 몇 번이나 부탁했는데 달라진 게 없어요."

가만 듣다 보니 케리부룩에 새로 들어온 전문 영업인 A씨 이야기였다. 한창 기대가 컸던 영입 당시와는 달리 그가 거둔 성과는 미미했다. 회사 내부에서도 그의 능력에 대해 회의적인 의견들이 종종 흘러나왔다.

"이번 달 매출 한 번 보세요. K사 매장이 3,200만 원, L사 매장이 3,000만 원, E사 매장도 1,200만 원인데 케리부룩은 600만 원입니다. 매출이 이렇게밖에 나오지 않으니 어쩔 수 없습니다."

숫자를 눈으로 보고 이야기를 들으니 할 말이 없었다. 그렇다고 실컷 소리 질러놓고 '죄송합니다' 물러설 수도 없는 노릇이었다. '모 아니면 도'라는 생각으로 더 강하게 말했다.

"그래? 그럼 매출 올려주면 될 거 아냐. 얼마 팔아주면 돼? 이번 달에 한 1억 원 팔아줄까?"

1억 원. 내가 생각해도 황당한 액수였다. 내 말에 어이가 없다는 듯 인천백화점 직원들도 아무 말 못 하고 그저 멍하니 앉아 있을 뿐이었다.

"대답해. 1억 원 팔아주면 되는 거냐고?"

"아, 예. 그렇게만 된다면 여부가 있겠습니까?"

큰소리 뻥뻥 치고 백화점을 나왔다. 하지만 걱정이 태산이었다. 600만 원 매출을 한 달 만에 1억 원으로 끌어올리기란 불가능에 가까웠다. 백화점에서 부린 호기는 어딘가로 사라지고 케리부룩 전무를 붙잡고 하소연하기 시작했다.

"백화점 손님 다 내쫓고 난리를 쳤는데 어떻게 하죠. 1억 원이라고 말은 했으니 책임을 져야 할 것 아닙니까?"

전무는 아무 대답도 하지 않은 채 양손으로 머리만 쥐어짤 뿐이었다. 그렇게 며칠이 지났다. 우리가 아무런 변화의 움직임을 보이지 않자 인천백화점에서는 기다렸다는 듯이 '진짜 철수시킵니다'라고 최후통첩을 보내왔다. 이제는 더 이상 지체할 시간이 없다. 가족이라도 동원해서 구두 매상을 올려야 하는 상황이 된 것이다.

사장에게 일대일 면담을 요청했다. 마지막 보루였다.

"이대로 물러설 수는 없고 한번 해봐야 할 것 아닙니까?"

"어떻게 해줄까? 해보고 싶은 걸 이야기해봐."

사장은 나를 믿었다. 내 능력을 믿었다.

"전단 좀 만들어주십시오."

"좋아. 돈 걱정 하지 말고 원하는 만큼 만들어."

인천 시내에 배달되는 모든 신문에 케리부룩 전단을 집어넣고 인천 시내 곳곳에 '창사 30주년 케리부룩, 인천백화점 입점 기념 특별 이벤트' 현수막을 걸었다.

홍보 첫날 매출 50만 원을 기록했다. 이전보다 두 배가 넘는 기록이었다.

목표는 무조건 반드시 달성해야 한다

둘째 날부터는 마이크를 붙잡고 호객행위를 시작했다. 원래 백화점에서는 고급스러운 이미지를 유지하기 위해 마이크 영업은 허락하지 않는다. '한 달 매출 1억 원을 달성하려면 어쩔 수 없다'며 막무가내로 시작했다. 마이크는 회사에서도 말 잘하기로 소문난 신판과 김학진에게 맡겼다.

"케리부룩 30주년 특별 사은 행사입니다. 오늘 케리부룩을 사지 않으면 자손 대대로 후회할 거예요. 다들 아시죠? 이번이 마지막 기회라는 걸."

김학진은 레퍼토리를 만들어준 것도 아닌데 스스로 말을 만들어가며 기가 막히게 손님을 끌어당겼다. 그날은 매출 100만 원을 찍었다.

그 다음 날은 나도 마이크를 잡았다. 김학진은 인천역에서 내려오는 사람들을 향해 멘트를 날렸고 나는 백화점 안에서 손님을 끌어모았다. 슬슬 매출에 힘이 붙기 시작했다. 그날은 150만 원을 기록했다.

매출을 눈에 띄게 높이기 위해서는 획기적인 아이디어가 필요했다. 나는 사장에게 원가 이하로 파는 '특가세일'을 제안했다. 당시 케리부룩 한 켤레 원가는 3만 원이었고, 시중 판매가는 5~6만 원 정도였다. 4만 원일 때도 팔리는 물건을 원가보다 낮은 2만 5천 원에 팔자고 말하자 사장은 "손해나는 일을 왜 하느냐?"고 거부감을 표했다. 그러나 나는 명분을 내세우며 사장을 설득했다.

"사장님, 창립 30주년 이벤트이고, 한 달만 진행하는 세일입니다. 그뿐만 아니라, 백화점에서 우리 물건이 살아남느냐 아니냐를 판가름하는 일입니다. 어차피 창고에 쌓아놓을 물건 싸게 내놓으면 그게 돈이 돼서 돌아옵니다. 제가 며칠 인천백화점에서 팔아보니 가능성이 보여서 하는 말입니다. 한번 기회를 주십시오. 한 달 1억 매출 반드시 이루겠습니다."

김정현 사장은 내 말을 듣자마자 재고관리 직원에게 전화를 걸었다.

"창고에 있는 모든 물건을 김원길에게 절반 가격으로 맡겨!"

우리는 가속 페달을 늦추지 않았다. 인천 시내 구석구석 빠짐없이 전단을 뿌렸고 매출은 200만 원, 300만 원, 400만 원……. 연일 신기록을 갈아치웠다. 공장에서는 물건 보내기 바빴고 매장에서는 구두 파느라 정신이 없었다. 옆에 붙어 있던 (업계 1, 2위를 다투던) K

사와 L사 매장에서도 우리의 공격적인 영업에 짜증스런 눈길을 보내기 시작했다.

그로부터 며칠 후 꿈에도 잊을 수 없는 일이 벌어졌다. 아침 10시 매장 문을 열 때부터 손님이 들이닥치더니 밤 9시 매장 문을 닫을 때까지 쉴 새 없이 손님이 이어졌다. 전단을 뿌린 지 꼭 14일이 되던 날이었다. 그날 하루 총 600켤레를 팔았다. 한 시간에 55개씩 팔아치운 셈이다. 매출은 총 1,100만 원, 인천백화점 '단일 매장 일일 매출 최고 기록'이었다.

하루 매출 1,000만 원을 넘긴 그날, 긴가민가하면서 나를 쫓아왔던 김학진이 돈을 세다가 멍한 표정으로 나를 쳐다봤다.

"김 대리님 정말 대단하세요."

"아직 2,000만 원 더 채워야 해."

말은 이렇게 했지만 이미 목표는 달성한 것이나 다름없었다. 그날까지 약속 기한이 1주일 남아 있었고 누적 8,000만 원이었다. 결과적으로 그달 매출은 최종 1억 1,000만 원이었다. 백화점에서 난리가 났다. 임원들까지 나를 찾아와서 '이렇게 영업력 있는 회사였으면 진작 힘써줬으면 되는 것 아니었냐'며 칭찬을 아끼지 않았다.

케리부룩 사장도 흥분을 감추지 못했다. 손수 매장까지 찾아와서 내 손을 붙잡고 수고했다는 소리를 수없이 반복했다. 그럴 만도 했다. 공장 창고에 쌓여 있던 재고를 싹 쓸어다가 돈으로 만들어주었으니까. 월 판매 1억 원을 넘긴 그날, 특별 보너스로 함께 고생한 직원들과 코 삐뚤어지게 술을 마셨다. 꿈같은 한 달이었다.

"나는 감정의 노예가 아니다.
노여움이나 어떤 다른 종류의 감정적 폭발의 노리개가 되는 것은 부끄러운 일이다.
내 안에는 훌륭한 어떤 것이 존재한다. 하등한 성격이 나를 통제하도록 내버려두지 않겠다.
— 오리슨 스웨트 마튼, 『하고 싶은 일을 하라』 중에서

일희일비하지 마라

인천백화점 판매를 계기로 마케팅을 본격적으로 시작하게 됐다. 견습공으로 시작해 기술자에서 품질 관리자로 변신한 데 이어 다시 한 번 더 변신한 것이다. 재미를 붙이고 나니 마케팅만큼 신 나는 일도 없었다. 창고에 가득 차 있는 재고 물량을 싹 비울 때 쾌감은 그 어떤 것과 비교할 바가 아니었다. 욕심도 생겼고 자신감도 넘쳤다. 인천이라는 무대가 좁아 보이기 시작했다. 나는 인천백화점 영업을 다른 사람에게 맡기고 서울로 향했다.

리듬을 탔으면 그냥 밀어붙여라

당시 서울에서 가장 잘나가던 3대 백화점을 차례로 찾아갔다. 어느 곳이든 시작만 하면 불같이 일어날 것 같았다. 하지만 서울 입성은 생각만큼 쉽지 않았다. 무엇보다도 인천에서 세운 하루 매출 1,000만 원 기록을 아무도 믿지 않았다. 증거자료를 내밀어도 소용없었다. 인천에서 그 매출이 나올 수 없다는 것이었다.

단순히 내가 세운 기록을 믿지 않는 게 아니었다. 인천이라는 시장을 불신하고 있었다. '어디서 지방 백화점에서 세운 기록 가지고 서울 백화점에서 명함을 내미느냐'는 식이었다. 이런 서울 백화점의 콧대 높은 선입견은 말로 설득해서 넘어설 수 있는 벽이 아니었다.

문제는 또 있었다. 너무 높은 수수료였다. 모두 15퍼센트 수수료를 요구했다. 백화점이 대중화되기 전이었던 당시 수수료는 대부분 10퍼센트 전후였다. 신규 입점이라 벽이 높았던 셈이다. 아무리 서울 입성이 중요하긴 했지만 그렇게 계약을 맺을 수는 없었다. 나는 '8퍼센트 아니면 안 하겠다'고 선언한 후 자리를 떴다.

그렇게 얼마가 지나고 A백화점에서 연락이 왔다. 협상을 다시 하자는 뜻이었다. 강남고속버스터미널 앞 A백화점은 당시 서울에서도 매상이 가장 높은 백화점 중 하나였다. 나쁠 게 없었다. 결국 수수료 10퍼센트에 합의를 봤다.

대신 조건이 있었다. 매장 판매가 아니라 정문 앞에서 진행하는 '행사 판매'였다. 상관없었다. 솔직히 말한다면 나는 인테리어비 부담에 점잖게 영업해야 하는 매장보다는 노천 행사가 더 좋았다.

겉치레야 어떻든 간에 많이 팔면 그만이었다. 서울이라고 뭐가 크게 다를까 싶었다. 마이크를 잡고 혼신을 다해 소리쳤다. 까짓, 한 번 해보는 거였다.

"세상에서 가장 편한 구두, 세상에서 가장 멋진 구두 케리부룩입니다."

하나둘 팔리기 시작했다.

"두 켤레 사면 한 켤레는 30퍼센트 세일해 드립니다."

팔수록 신이 났다. 순간순간 아이디어를 내서 손님을 끌어모았다. 목소리에 힘이 들어가자 사람들이 더 몰려들었다. 인천백화점 분위기가 살아났다. 문득 서울 한복판에서 시원스럽게 한판 벌이고 있다는 사실이 대견스럽게 느껴지기도 했다. 서울 진출 첫 달. 시작과 함께 1억 원 매출을 올렸다.

이 수치는 서울 백화점에서도 놀라운 기록이었다. 백화점 측도 놀랐지만 나도 놀랐다. 인천에서 잘됐다고 서울에서 통한다는 보장은 없었다. 인천에서 타기 시작한 리듬을 계속 이어가자는 생각이었는데 결과는 대성공이었다.

"인천 케리부룩이 A백화점에서 끝내주게 잘 팔았대."

업계에 소문이 나면서 이곳저곳에서 연락이 들어오기 시작했다. 우리를 애써 외면하던 L백화점에서도 결국 연락이 왔다. 수수료도 15퍼센트에서 12.5퍼센트로 낮춘 좋은 조건으로 제안해왔다.

국내에서 가장 콧대가 높은 백화점이었지만 이제 자신이 붙었기 때문에 별문제가 안 됐다. 그 백화점 강북지점에서 행사를 시작해 잠실을 오가며 한 달 1억 2,000만 원 매출을 올렸다. 뉴코아보다

2,000만 원이 더 많았다.

"김원길이 최고야. 케리부룩 30년 역사에 이런 직원은 없었어."

케리부룩 사장이 만인을 제쳐놓고 나를 치켜세우기 시작했다. 생각지도 않았던 곳에서 돈을 벌어다 주니 체면 차리지 않고 나를 칭찬하기 시작한 것이다. 나의 회사 내 입지도 하늘 높은 줄 모르고 올라갔다. 이런 게 회사 다니는 맛인가 싶었다. 나는 더욱 목숨 걸고 구두를 팔러 다녔다. 그렇게 몇 달 동안 두 백화점을 오가며 구두를 팔았더니 회사 창고가 텅 비어 버렸다.

잘나갈 때 조심하라

구두는 빵 찍어대듯 이내 만들어지는 게 아니다. 시간이 걸린다. 창고를 모두 비워버려서 백화점 영업도 더 이상 계속할 이유가 없었다. 몇 달 동안의 외유를 끝내고 참으로 오랜만에 본사 근무를 시작했다.

회사에 출근하던 날, 나는 실로 가슴이 벅찼다. 회사 매출을 역대 최고치까지 끌어올렸으니 전 직원이 나와서 환영의 박수라도 보낼 줄 알았다. 그런데 막상 회사에 와보니 분위기가 이상했다. 환영의 박수는 고사하고 아무도 나에게 인사조차 건네지 않았다. 친했던 동료조차 시선을 마주치려 하지 않았다. 마치 7년 전 내가 전국기능대회에서 금메달을 따지 못하고 회사에 돌아왔을 때 같았다.

'이건 아닌데……'

하도 이상해서 가깝게 지내던 동료를 조용히 불러 물어보았다. 그의 말인즉, 나에 대해 안 좋은 이야기가 돌고 있다는 것이었다. 내용을 물어보니 '김원길이 구두 판 돈을 따로 챙겼다' '부자 됐다' 등의 유언비어였다. 참 어이가 없었다. 밖에서 죽을 각오로 일하는 동안 회사 안에서는 엉뚱한 소문이 나돌고 있었던 것이다.

처음에는 그냥 지나치려 했다. 내가 열심히 회사에 다니면 그런 소문은 희석되리라고 생각했다. 그러나 상황은 그렇게 쉽게 정리되지 않았다. 관리팀에서 내가 판매한 구두 명세서로 재고 조사에 들어갔다. 회사 차원에서 공식적으로 나를 조사하기 시작한 것이나 다름없었다. 더 이상 참을 수가 없었다. 그 즉시 사장을 찾아갔다.

"사장님, 억울해서 일 못하겠어요. 그동안 회사를 위해 목숨 걸고 일했는데 이런 소리까지 들어야 한다니 너무 화가 납니다."

격한 마음에 절차 따지지 않고 무작정 찾아가긴 했다. 그래도 사장은 나를 믿어줄 거라고 생각했다. 그 많은 재고를 일순간에 해결해준 장본인 아닌가? 사장이 내 이야기를 다 듣더니 천천히 입을 열었다.

"회사가 커지다 보면 감사 강도도 높아지고 관리도 철저해지지. 다 그러는 거야. 자네가 이해해야 하네."

이 소리를 듣는 순간 내 머릿속은 컴퓨터 포맷되듯이 텅 비어버렸다.

'밖에 나가서 구두 한 켤레 못 파는 놈들이 어디서 입방아야! 내가 다 정리해줄 테니까. 조금만 기다려.'

이런 소리가 나올 줄 알았다. 다른 사람들이 어떻게 생각하든 상관없었다. 사장만 믿어주면 그만이었다. 그런데 사장이 모함을 받고 있는 나에게 고작 하는 소리가 '이해해 달라'라니. 유언비어보다 사장 반응에 더 큰 상처를 받았다. 그때 나는 완전히 돌아섰다.

 '나를 지켜주지 못하는 사장 밑에서는 일할 수 없다. 그 많은 구두를 팔아주었는데 이렇게 말하는 사장이라면 일할 필요 없다.'

 그렇게 생각했다.

 "그만두겠습니다."

 그 길로 사직서를 내고 회사를 나왔다. 당시의 허탈함은 어디 비할 데가 없었다. 전쟁터에서 큰 공을 세우고 돌아온 장수가 공식적으로 역적이 된 것이나 다름없는 상황, 완벽한 따돌림이었다. 세상이 이런 것인가?

경쟁자도 자산이다

누구도 만나기 싫어서 한동안 집에서 두문불출하며 지냈다. 사장이 찾아와서 '사직서는 절대 수리할 수 없다'고 했고 받아들여지지 않자 전화를 걸어와 '다시 한 번 생각해달라'고 했다. 하지만 나는 꿈쩍도 하지 않았다. 그 상황에서 다시 돌아간다는 건 내 모든 자존심을 꺾는 것이나 다름없었다. 그때 참 많이 울었다. 죽을 각오로 일했고 성과도 현격한데 이런 처지가 됐다고 생각하니 눈물만 나왔다.

 며칠 후 회사로부터 사표가 수리됐다는 전화가 걸려왔다. 특별 퇴직금 200만 원도 함께 들어왔다. 사실 나는 퇴직금이 없었다. 업무를 진행하느라 사용한 영업비 270만 원을 회사에서 내 채무로 잡아놓았기 때문이다. 그 퇴직금은 사장이 나에게 준 마지막 선물이었다.

그것으로 케리부룩과는 8년 인연이 끝났다. 1990년이었다. 내가 막 결혼한 직후였다. 나중에 '김원길이 도둑질해서 돈 벌었다'고 소문낸 사람이 누구인지 알게 됐다. 영업부 직원이었다. 품질 관리를 하던 내가 영업에 뒤늦게 뛰어들어서 사방팔방으로 뛰어다니며 성과를 내니까 보기 싫었던 것이다.

처음에는 그 사람 원망을 많이 했다. 당장 회사로 달려가 혼을 내고 상황을 원상태로 돌릴까도 생각했다. 하지만 어찌 된 일인지 다 부질없는 일이라는 생각이 들었다. 이 모든 게 운명이고 자연스러운 일일 수도 있겠다 싶었다.

회사 입장도 생각하게 되었다. 나처럼 도드라진 사람은 회사가 커 나갈 때는 필요할지 모르지만 회사가 자리를 잡은 후에는 부담스런 존재가 될 수 있다. 안정적인 조직은 '무난한' 직원을 원한다.

결과론이지만 지금 생각해보면 오히려 나를 쫓아내 준 그 친구가 참 고맙다. 독립하고 자리 잡는 과정에서 고생도 많았지만 많은 것을 배우고 이루었다. 케리부룩에서 제작, 관리, 영업까지 모두 섭렵했지만 비즈니스는 차원이 다른 세상이었다. 눈에 보이는 관계 외에 다른 세계가 공존해 있다. 나를 케리부룩에서 내쫓은 그 친구가 나를 넓은 세상에서 활보할 수 있게 내몰아준 장본인이나 마찬가지였다.

나는 당시 회사에 너무 깊숙이 발을 담그고 있었기 때문에 그런 사건이 없었다면 회사를 그만두지 못했을 것이다. 사장까지 올라가는 게 목표였다. 회사 내에서 총애를 받고 있었으니 독립하겠다는 생각은 할 수가 없었다. 아마 나는 그때 그만두지 않았다면 계속 케리부룩에 남아서 저물어가는 회사를 살리느라 갖은 고생을 다 했을 것이다. 그 친구가 나를 울게 해주지 않았다면 지금의 나는 없을 거라고 생각한다. 나는 정말 그렇게 생각한다.

김정현 사장에게도 고맙다. 나를 내쫓은 것은 애초에 사장의 의도가 아니었다. 유언비어가 워낙 근거 있게 나돌았으니 그도 흔들렸을 뿐이다.

"케리부룩은 부도났지만 그보다 몇 배나 큰 회사를 일으켜 세운 네가 가장 자랑스럽다."

김정현 사장이 종종 나에게 연락해서 하는 말이다. 요즘에는 내 자랑하는 재미로 살고 있다는 이야기도 한다. 나도 그와 통화할 때면 늘 '고맙다'고 말한다.

직장에서 조직생활을 하다 보면 견딜 수 없을 정도로 억울한 일이 생길 때가 있다. 아이러니하게도 그런 일은 보통 한창 승승장구할 때 생긴다. 조직에서 너무 잘나가면 '기를 꺾어놓으려고' 누군가 안 좋은 분위기를 만들어내는 것이다. 누구든지 소위 '잘나갈 때' 몸을 사려야 한다는 말이 괜히 생긴 게 아니다. 그때 겸손한 마음을 갖고 있지 않으면 크게 상처받을 일이 생기거나 급격히 하락하거나 조직을 나와야 하는 입장에 처한다. 그래서 늘 잘나갈 때 조심해야 한다.

돈에 지지 마라

나는 특별 퇴직금으로 받은 200만 원으로 구두 부속공장을 만들었다. 회사 이름은 내 이름을 따서 '(주)원길'이라고 했다. 독립. 언젠가는 할 일이라고 생각했지만 이렇게 급작스럽게 올지는 몰랐다.

한동안 마인드 컨트롤이 되지 않았다. 타의로 회사를 나왔다는 억울함과 빨리 성공해야 한다는 성급함이 교차하는 상황이었으니 어쩌면 당연한 일이었다. 당시에는 그게 가장 큰 문제였다. 마음이 급하다 보니 사업 초기부터 챙기지 못하는 게 많았다. 사업에 성공하려면 무엇보다도 거래처에 믿음을 심어줘야 하는데 그러질 못했다. 한마디로 거래처 관리가 잘 안 됐다.

케리부룩에서 일할 때는 그런 일이 없었는데 어찌 된 일인지 결제 시한이 지나도 거래처에서 대금을 지불하지 않았다. 아무리 독촉을 해도 늦었다. 곰곰이 생각해보니 그것도 이해가 됐다. 거래처에서는 인간 김원길을 보는 게 아니었다. (주)원길을 본 것이다. 신생회사라고 다들 쉽게 여겼다. 나에게도 문제가 있었다. 사업 경험이 없다 보니 거래처 보는 안목이 부족했다. 일은 계속 꼬여만 갔다.

게임은 영원히 끝나지 않는다

창업하고 1년쯤 지난 1991년 어느 날이었다. 거래처 다녀오다가 시간이 남아서 이전에 거래하던 백화점에 들렀다. 케리부룩에서 영업을 할 당시 알고 지내던 백화점 관계자를 만났다. 궁금한 것은 케리부룩이었다.

"케리부룩 백화점 영업은 누가 해?"

"누구긴 누구야. 너 밀어낸 친구지."

"그래? 케리부룩 잘나가?"

"잘나가긴. 케리부룩 끝났어."

"끝났어? 왜?"

"말도 마. 너 있을 때나 억 소리 났지. 너 나가니까 꽝이더라. 지금 영업 맡고 있는 그 친구는 구두도 못 팔고 영 엉망이야. 행사 줘봐야 자릿값도 안 나와서 거래 끊었어."

"매출은 어땠는데?"

"볼 것도 없어. 매일 꼴찌였으니까. 그런데 말이야."

"응?"

"혹시 네가 오면 다시 생각해볼 수 있어."

듣던 중 반가운 소리였다. 백화점에서 나와 슬그머니 사장에게 전화를 걸었다.

"오늘 백화점 갔었어요. 백화점 실적이 안 좋더라고요."

"맞아. 너 있을 때가 봄날이었지. 너 나가고 나니까 엉망이야."

"그래요? 백화점에서 내가 구두 가져오면 자리 제대로 주겠다는데요."

"그래? 그럼 두 번 생각할 게 뭐 있어. 구두 줄 테니까 당장 가져다 팔아."

사장은 아무나 내 자리에 앉으면 그렇게 실적을 낼 줄 알았다가 1년 내내 죽만 쑤니 나를 많이 그리워하고 있었다. 판매는 생각처럼 쉬운 일이 아니다. 혼신을 다해도 팔릴까 말까이다.

캐리부룩에서 쫓겨나듯이 나왔지만, 사장의 러브콜은 솔직히 반가웠다. 사실 당시에도 나를 모함한 사람들에게 감정이 안 좋았을 뿐이다. 김정현 사장에는 크게 나쁜 감정이 없었다.

"구두 있는 것 다 주세요. 내가 다 팔아버릴 테니까. 대신 매출의 10퍼센트를 주세요."

김정현 사장은 나의 제안을 흔쾌히 받아들였다. 백화점에서도 좋은 자리를 알아서 내주었다. '김원길표' 현장영업이 다시 시작된 것이다.

1년 동안 쉬었더니 의욕이 더 살아났는지 매출은 이전보다 오히려 더 좋았다. 빼곡하게 쌓여 있던 케리부룩 창고의 구두를 두 달

만에 다 팔아치웠다. 김정현 사장 얼굴에 다시 화색이 돌았다. 그는 슬쩍 혹시 케리부룩에 다시 돌아올 마음이 있는지를 물었다. 나는 고개를 가로저었다. 회사에 돌아갈 마음이었다면 1년 전에 승낙했을 것이다.

나는 한술 더 떠서 '차라리 로열티 계약을 맺자'고 제안했다. 김정현 사장은 아쉽지만 그거라도 괜찮다는 듯이 내 제안을 받아들였다. 그렇게 케리부룩과 인연은 다시 이어졌다. (주)원길에서 구두를 만들고 케리부룩 상표를 붙여서 팔기 시작한 것이다. (주)원길에서 '케리부룩 서울지사'라는 법인도 따로 만들었다.

우리가 직접 구두를 만들기 시작하면서 마진도 커졌고 로열티라고 해봐야 크게 부담되지 않는 금액이었다. 이 무렵이 창업 이후 처음으로 기지개를 켜기 시작한 때였다.

위기는 예고 없이 찾아온다

1990년대 초는 세계 경제 시장의 일대 변혁기이기도 했다. 수십 년째 닫혀 있었던 중국 러시아 등 거대 시장이 봇물 터지듯 열리면서 신규 시장이 새롭게 만들어졌다.

당시만 해도 제조업 중심이었고 중국과 근접해 있었던 우리나라는 그 변화를 몸으로 느끼고 있었다. 거의 모든 기업들이 마치 엄청난 기회를 만난 듯 씀씀이를 키웠다. 하지만 그 시장은 돈이 되질 않았다. 시장은 엄청나게 커졌지만 가격이 하락하는 바람에 '그게 그거'인 상태가 되풀이될 뿐이었다.

'규모 확대' 분위기에 합류하기는 구두 업계도 마찬가지였다. 정확하게 파악되지 않은 '가상의 시장'을 마치 손에 쥐기라도 한 듯 다들 생산량을 늘리고 상품권을 대량으로 발행했다. 케리부룩도 김정현 사장이 이선으로 물러나고 전문 경영인을 대표이사로 영입하는 등 '대세'에 합류했다.

그때부터 케리부룩은 급격하게 무너지기 시작했다. 시장이 아직 조성되지 않은 상황에서 무리하게 생산량만 늘렸던 선두기업들이 휘청거리던 상황이고 보면 케리부룩은 내실을 기하는 게 맞았다. 그러나 케리브룩의 새로운 대표는 기존의 구두 회사와 똑같은 선택을 했다. 생산량은 늘고 시장은 한정돼 있으니 상품 가격은 하락하고 자금 흐름은 막히는 게 정해진 수순이나 마찬가지였다.

경영이 악화되자 케리부룩의 새로운 대표이사는 비정상적인 결재를 시작했다. 자금에 문제가 생기면 경영을 축소하거나 구조조정을 진행해야 하는데 상품권을 발행해 결제수단으로 활용했다. 한두 장도 아니고 백만 장 이상의 상품권이 쏟아져 나왔다. 구두 양이 상품권 숫자를 따라가지 못하는 기현상이 벌어졌다.

케리부룩 매장들은 하나둘 문을 닫기 시작했다. 1992년 1차 부도가 났고, 1994년 2차 부도에 이어 1995년 본사도 문을 닫게 되었다. 케리부룩이 부도 처리되면서 우리 회사도 덩달아 힘들어지고 말았다. 새로운 브랜드가 필요했다.

그 무렵 지금 '안토니'의 모태가 된 '안토니오'라는 자체 브랜드를 만들었다. 그러나 이 생소한 브랜드는 시장에서 별 반응을 얻지 못했다. 창고에 구두가 쌓여갔다. 돈은 돌지 않았다. 케리부룩이 1차 부도가 났던 1992년부터 새로운 브랜드 '바이네르'를 정착시키기까지 4년 동안 최악의 상황이 계속됐다.

죽을 각오로 다시 덤벼라

당시 (주)원길의 직원 수는 20여 명이었다. 신생 회사치고는 규모가 꽤 컸다. 그러나 구두만 있으면 팔 수 있다고 자신하던 때여서 그 숫자도 성에 차지 않았다. 당시는 '확장'만 생각하고 있을 정도로 경영에는 완전한 초보나 다름없었다. 탄탄한 회사도 언제든지 위기가 찾아올 수 있다. 하물며 이제 몇 걸음 떼지 않은 (주)원길은 작은 위기에 뿌리까지 흔들릴 수 있는 상황이었다. 그걸 나만 모르고 있었다.

첫 번째 위기는 케리부룩이 무너지면서 곧바로 찾아왔다. 케리부룩으로는 판매가 안 됐고 자체 브랜드 안토니오는 시장에서 반응이 없었다. 방법이 없었다. 자금 회전이 딱 멈춰버렸다. 어음 날짜가 돌아오는데 협력업체에 보낼 돈이 없어서 여기저기서 돈을 빌려다 겨우 메우는 상황이 몇 년 동안 반복됐다.

구두 시장이 갑자기 급팽창할 리도 없고 결국 팔릴 만한 브랜드를 만들거나 해외에서 들여와야 했다. 둘 다 몇 년이 걸릴지 모를 일이었다. 앞은 보이지 않고 현실은 힘들기만 했다. 꼭 깊은 늪에 빠져 있는 느낌이었다. 하루에 두 시간도 채 자지 못하는 극심한 불면증이 찾아왔다.

밤 10시에 잠이 들면 12시에 눈이 떠졌다. 아침부터 빚에 시달릴 생각에 잠이 오지 않았다. 매일매일 막아야 하는 어음이 있었다. 영화를 서너 편씩 보면서 밤을 새웠다. 중국영화란 중국영화는 그때 죄다 봤다. 풀리지 않는 사업에 불면증으로 더해지는 스트레스는 사람을 막장까지 밀어 넣었다. 1년에 빚이 4억씩 늘었다. 하루는 너무 힘들어서 아예 죽어버리기로 작정했다.

마포대교를 달리다가 중간 못 미쳐 가드레일을 들이받으면 곧바로 한강으로 직행. 날짜는 다음 주 수요일. 시간은 밤 12시 30분.

자살을 위한 계획도 치밀하게 짰다. 그것밖에는 방법이 없는 것 같았다.

죽기로 작정한 날, 마포대교 앞에서 자동차 시동을 걸었다. 밤 공기는 쌀쌀했고 별 하나 보이지 않았다. 마지막으로 우리 회사에 관리이사로 있던 김주환이라는 고향 친구에게 전화를 걸었다.

"나, 지금부터 연락 없으면 한강에 차 몰고 들어가서 죽은 줄 알아."

친구는 한동안 말이 없었다. 그때 그 친구가 말렸으면 바로 죽었을 것이다. 그런데 그 친구는 한참 침묵을 지키더니 나를 달래기는 커녕 오히려 화를 내기 시작했다.

"네가 다 벌여놓고 너 혼자 편하겠다고⋯⋯. 무책임한 놈. 세상 어지럽히고 죽는 더러운 놈. 너 같은 놈은 빨리 죽어야 해. 빨리 가서 죽어. 죽으라고!"

빨리 죽으라니? 내가 아무리 사업을 못했어도 그렇지 이건 해도 너무 하는 것 아냐? 그 상황에서도 친구의 말이 어이없다는 생각이 들었다. 나도 모르게 피식 웃음이 나왔다.

'그래! 죽는 건 나 혼자 편하겠다는 의미나 다름이 없어. 그건 아니잖아. 죽기 살기로 한 번 해보자. 부도나면 말지 뭐. 다른 사람들은 부도나서도 잘살잖아. 나도 그렇게 살지 뭐.'

친구에게 '더러운 놈' 소리까지 들었으니 그걸 만회하기 위해서라도 사는 게 낫다고 생각했다. 살자고 마음먹으니까 '죽기 살기로 해보자' 하고 없던 용기도 샘솟았다. 마음을 가다듬고 생각해 보니 주변에 도움이 될 만한 사람들도 적지 않았다. 그 길로 회사에 돌아가서 불을 환하게 켜놓고 다음 날 계획부터 짰다.

다음 날 아침 출근하자마자 직원들에게 말했다.

"내가 구두 만드는 기술자지 돈 빌리는 기술자가 아닙니다. 정말 좋은 구두를 만들고 싶습니다. 그러면 모든 문제가 풀릴 수 있습니다. 우리가 만들고 팔아서 그 돈으로 회사를 세워봅시다. 은행 빚에 의존하지 말고 우리 돈으로 살아봅시다."

내 말이 끝나자마자 직원들은 환호성을 불렀다. 눈물을 흘리는 직원들도 있었다. 감히 이야기는 하지 못하고 있었지만, 그들은 나의 회심을 기다리고 있었다. 안토니 성공의 시작은 바로 이날부터였다.

고생이 최고의 보약이다

돈은 냉정하다. 당시 당했던 자금 압박을 떠올리면 지금도 너무 무섭다. 돈에 쪼들리기 시작하면 죽지 않고서는 해결이 안 될 것 같은 생각만 든다. 지금도 고객이 원하는 좋은 구두를 만들지 않으면 그때 그 상황으로 돌아갈 수 있다. 그걸 알기 때문에 죽을 각오로 일한다. 그때로 돌아가는 게 무서워서 열심히 일한다.

나는 무엇이든 이루고 성과를 내려고 한다. 그런 근성은 그 4년 고생을 통해 만들어졌다. 누구는 나를 두고 '김원길은 사막에 갖다놔도 살아나올 놈'이라고 말한다. 누구는 '대한민국 구두 회사 다 망해도 끝까지 회사를 지켜낼 놈'이라고 말한다. '근성 종결자'라는 소리를 듣는 것도 다 그 고생 덕분이다.

고생이 고맙다. 고생이 보배다. 4년 동안 불면증에 시달리게 했던 '보석 같은' 고생. 세상을 포기하고 어린 자식들까지 포기하려고 했던 그 절박했던 심정이 지금의 나와 우리 회사를 만들었다. 나는 늘 이런 생각을 한다.

'그렇게 고생해서 이만큼 일궈냈는데 멋있게 살아야지. 그래야 할 것 아닌가?'

전심전력을 다하라

"인생이란 자기 앞에 놓여 있는 사다리를 오르는 것." 이것이 당시 내가 내린 인생에 대한 정의였다. 그 사다리는
그냥 사다리가 아니다. 끝이 없는 사다리다. 올라가기 싫으면 안 올라가도 된다. 하지만 스스로 인생을 살기 원
한다면 올라야 한다. 나에게만 사다리가 있는 게 아니라 모든 사람에게 사다리가 놓여 있다. 높이 올라간 사람이
돋보이게 된다. 이렇게 스스로 인생에 대해 정의를 내리고 나서 혼신을 다해 사다리를 오르리라 다짐했다. 이런
생각이 인생을 살아가는 데 큰 힘이 됐다.

불타는 열정 한 걸음 한 걸음이 모여
꿈을 이룬다

콤플렉스를 극복하라

예나 지금이나 학력은 중요하다. 좋은 대학을 나온 사람에게 더 많은 기회를 주는 것이 우리 사회의 현실이다. 30년 넘게 사회생활을 했는데 그걸 왜 모르겠는가? 그러나 나는 겨우 중졸이지만 학력에 욕심이 없다.

10여 년 전에 대학에 가려고 했던 적이 있었다. 회사 규모가 커지면서 이런저런 행사에 참여해달라는 요청이 들어오기 시작했는데 그 제안을 수락하고 나면 주최 측에서 이력을 물으면서 꼭 학력을 체크했다. 당시에는 그게 참 곤혹스러웠다. 하루는 나의 멘토 같은 선배에게 지나가듯 이런 말을 꺼냈다.

"나도 이번 기회에 대학에 다니려고 해요."

"아니 왜?"

"어디를 가도 자꾸 학력을 적으라고 해서요. 부지런히 하면 10년 안에 박사까지 할 수 있을 것 같은데요."

"그렇긴 하지. 근데 꼭 그럴 필요가 있을까?"

"예?"

"김원길은 학력 없이도 성공했고 그게 멋있는 사람이잖아. 그게 더 가치 있지 않을까? 김원길마저 학력을 따기 위해 공부를 한다는 생각을 하면 참 서글프군. 우리 사회가 참 답답하다는 생각밖에 들지 않네."

짧은 대화였지만 당시 그 선배의 말은 나에게 큰 울림을 주었다. '김원길마저 학력에 의지하려고 공부를 시작했다는 말이 참 서글프다'는 말이 계속 머리에 맴돌았다. 그때 확실히 다짐했다. 앞으로는 학력의 굴레에서 확실히 벗어나겠다고.

학벌과 집안 배경의 굴레에서 벗어나라

바이네르와 안토니의 성공 스토리가 세상에 많이 알려지면서 강연 의뢰도 많이 들어온다. 개인적으로 사람들 만나는 것을 좋아해서 스케줄에 무리가 없는 한 수락하는 편이다. 일단 강연을 시작하면 열과 성을 다한다. 내 이야기를 듣기 위해 일부러 찾아왔다는 사실이 고맙기 때문이다. 내가 탁월한 연설가는 아니지만 워낙 경험치가 많아서인지 재미있다고 이야기하는 사람들이 많다. 그런 소리에 절로 힘이 나서 다음 강연이 잡히면 많은 것을 준비해서 나눠주고 돌아오곤 한다.

강연 대상은 주로 대학생이다. 개인적으로도 젊은 친구들과 만나는 게 좋다. 젊은 친구들을 보면 누가 시킨 것도 아닌데 자꾸 무엇인가 이야기해주고 싶다. 그들에게 해주고 싶은 말이란 '사업에 도전하라'이다.

직장 생활보다 사업이 매력적인 이유를 대라고 하면 며칠 밤을 새워도 모자란다. 도무지 너무 매력적이어서 한두 시간 강연으로는 이루 다 말할 수도 없다.

사업은 정년이 없다. 본인 의지만 확고하다면 생의 마지막 순간까지 할 수 있는 게 사업이다. 나이가 많이 들어서까지 사업을 하게 되는 이유가 있다. 사업을 하다 보면 직장에 다닐 때와 달리 '살아 있음'을 느낀다. 자신의 의지가 반영되어 조직이 움직이고 시스템에 의해 결과물이 만들어지고 유통되는 것을 보면서 엄청난 성취감을 느끼게 된다.

물론 사업은 절대로 쉽지 않다. 세상을 읽는 통찰력이 있어야 하고 사람을 다루는 기술도 있어야 하고 공부도 끊임없이 해야 한다. 이렇게 모든 조건을 다 갖추고 있고 모든 것을 걸고 최선을 다해도 실패할 수 있다. 혼자 잘해서 되는 것도 아니다. 한창 잘나가고 있을 때 예상치 못했던 경기 침체가 찾아올 수도 있다. 그래서 사업은 처음부터 끝까지 모험이다.

고생은 기본이고 경우에 따라서는 견디기 힘들 만큼 큰 시련이 올 수도 있다. 하지만 그게 끝이 아니다. 엄청난 시련을 겪어내면 그 경험이 엄청난 자산이 돼 돌아온다. 인생을 가르쳐주고 세상을 가르쳐준다. 이런 게 사업이다. 그러니 어찌 젊은이들에게 사업을 권하지 않을 수 있겠는가?

사업에 도전하라

'사업을 하라'고 제안하는 나의 강연은 취직준비에 한창인 대학생들에게는 좀 생뚱맞은 내용일 수도 있다. '취직'을 목표로 4년 내내 달려온 사람들에게 두 시간 내내 사업 이야기를 하니 말이다.

"취직에 목매지 마라. 단물 빠지면 하루아침에 쫓겨날 수도 있다. 그 후로는 인생이 외롭고 힘들어진다. 임원으로 살아남아도 여유가 없기는 마찬가지다. 상무 되면 전무 되려고 또 싸워야 한다. 직장은 퇴직 이후를 보장해주지 않는다. 사업에 도전하라. 이게 정답이다."

그런데 놀랍게도 학생들은 내 강연을 굉장히 진지하게 받아들인다. 취직만 생각했지, 취직 이후에 대한 생각은 한 번도 해보지 않은 상황이지만 가진 것 없이 시작해 사업으로 꿈을 이룬 사람이 계속 떠들어대니까 신기하게 바라보는 것이다. 그들에게 나는 확실하게 방점을 찍는다.

"사업은 실패해도 다시 일어설 수 있지만 직장에서는 다시 일어설 수 없다."

자극을 주기 위해 좀 과장해서 하는 말이기는 하지만 실제 성공하지 못한 직장인의 행보는 생각보다 더 비참하다.

학창시절 우등생 소리를 듣던 내 친구들만 봐도 그렇다. 40대 중반부터 은퇴를 고민하더니 50세가 되자 거짓말처럼 회사를 나왔다. 직장 생활만 계속한 사람이 은퇴 이후에 할 일은 많지 않다. 자영업을 하면서 사업을 치밀하게 준비해온 사람이 아니라면 삼겹살집을 목표로 해야 할 것이다. 자영업으로 성공할 확률은 직장에서 살아남을 확률보다 훨씬 희박하다. 공식적인 통계로만 10퍼센트 미만이다.

내 친구들이 '은퇴 이후'를 심각하게 고민하던 40대 중반, 나는 그 시기에 사업의 틀이 잡혔다. 마치 20대 청년처럼 새로운 꿈을 꾸기 시작했다. 바이네르와 안토니를 바탕으로 글로벌 기업으로 성장시켜 세계 최고의 구두 회사로 만드는 것. 또 아프리카 가서 우물 파주고 직원들에게 해외 연수 기회를 확대해주는 것. 마치 어린이가 아무 선입견 없이 미래에 대한 꿈을 꾸듯 해야 할 일들이 창창하게 펼쳐져 있었다.

직장을 다닌 친구들은 조로해가고 있는데 나는 오히려 젊어지고 있다. 젊은 사람들에게 어찌 사업을 제안하지 않겠는가?

세상이 나를 필요로 하게 만들어라

강연 현장에 가면 성공과 공부에 대한 이야기를 많이 한다. 다들 이런 것에 대한 고민 없이 그저 공부만 하고 있다는 생각이 들기 때문이다.

성공에 대한 생각도 진지하게 고민해볼 필요가 있다. 돈을 많이 버는 것은 무척 힘든 일이지만 그것만으로 성공이라는 생각을 하는 것은 바람직하지 않다고 생각한다. 돈만 좇다가는 진정한 성공에 대한 고민은 사라지고 만다.

실제로 사회생활을 하다 보면 성공은 돈과는 다른 가치를 통해 도달하게 된다는 것을 알게 된다. 그저 매출이 높은 기업보다는 사회로부터 존경받는 기업이 되는 게 훨씬 중요하다. 세상은 시간이 갈수록 점점 더 돈보다 중요한 것을 찾고 있기 때문이다. 사회로부터 존경받기 위해서는 나눌 줄 알아야 한다.

우리 회사는 2013년 사회공헌 활동금액으로 6억 5,000만 원을 책정해놓았다. 우리 회사 규모로 보면 분명히 큰돈이다. 그러나 보이지 않은 결과들이 찾아온다. 사회로부터 존경의 소리가 들리고 우리 회사 이미지가 높아진다. 그게 나중에 얼마나 많은 일들을 하게 될지는 아무도 모른다.

존경받는 기업이 되면서 회사 분위기가 좋아지고 직원들이 자부심을 느끼게 되면 품질과 판매량에도 긍정적인 영향을 미치게 된다. 사회에 좋은 일을 하고 사회로부터 존경을 받고 조직 구성원이 즐거워하는 회사. 이런 게 진정한 성공을 향해 가고 있는 회사의 모습이 아닐까?

공부에 대해서도 깊게 생각해볼 필요가 있다. 무작정 취업을 위한 공부를 하는 것은 자칫 죽은 공부가 될 수 있다. 중요한 것은 무조건 공부를 얼마나 많이 했느냐가 아니라 사회생활에 필요한 공부를 얼마나 많이 했느냐이다.

진짜 공부는 '세상이 나를 많이 필요로 하게 만드는 과정'이다. 세상은 학교 공부 이외에도 다양한 자격이 필요하다. 리더십과 역량, 상대방을 배려하는 매너와 성실함까지 책상에서 얻을 수 없는 것들이 많이 있다. 머릿속에 아무리 많은 지식이 들어 있어도 사회에서 필요로 하는 게 아니면 쓸모가 없다. 세상이 필요로 하는 것, 그중에서 나에게 가장 잘 맞는 것을 선택해 갈고닦는 게 진짜 공부다.

요즘 젊은이들은 약속이나 한 듯이 비슷한 내용을 똑같이 공부하고 있다. 이런 학습만으로는 자신이 남보다 월등하다는 것을 어떻게 증명할 것인가? 무엇을 어떻게 공부할 것인지, 많은 고민이 필요하다.

평생 공부하라

나는 어렸을 때 공부는 별로 좋아하지 않았다. 직업이라고 해봐야 몇 개 되지 않았던 당시 시골에서는 공부 이외에는 성공의 길이 달리 보이지 않았다. 그래서 다들 공부에만 매달렸고 고등학교가 되면서 대도시로 떠났다. 하지만 나는 그렇게 생각하지 않았다. 분명 다른 길이 있다고 믿었다. 공부만이 길이었다면 나도 죽어라고 공부했을 것이다.

어쩌면 그 어린 시절에 이미 나의 운명은 사업가로 정해져 있었는지도 모른다. 성공에 대해 끝없이 고민하고 부단히 성공의 길을 찾고 열심히 뛰어가다 보니 어느새 사업가가 돼 있었다. 지금까지 단 한 번도 내 결정에 대해 후회를 해본 적이 없다.

나에게 학벌은 중요하지 않았다. 대신 공부는 늘 필요했다. 나는 지금도 공부를 한다. 물론 학벌과는 관련이 없는 공부다. 세상이 나를 진짜로 필요로 하게 만드는 것, 그 노하우를 쌓고 신기술을 만들어내는 것, 이게 진짜 공부다. 특히 사업가의 공부만큼 실질적인 것도 없다.

"저는 중학교 졸업이 최종 학력입니다. 그래도 1년에 5~6억 원씩 기부하면서 삽니다. 여러분은 내가 꿈도 꾸지 못한 대학생들이 아닙니까. 훨씬 근사하게 살 수 있습니다. 꿈에 도전해 보십시오."

강연 시간, 이 이야기를 하면 객석에서 박수가 터져 나온다.

곳곳이 승부처다

경영은 외줄 타기를 하는 것이나 마찬가지다. 언제 어디부터 쓰나
미가 밀어닥칠지 아무도 모른다. 한순간에 '훅' 갈 수 있다. 모든
경영인이 이런 절박한 마음으로 기업을 경영한다.

그럼에도 나에게는 적어도 경영에 관한 한 두려움이 없다. 사고
의 차이다. 현실은 얼마든지 다를 수 있다. 지구가 망하지 않는 한
살아갈 수 있는 방법은 늘 있다고 생각한다. 하늘이 무너져도 솟아
날 구멍이 있다는 말도 믿는다. 지나친 낙천주의자인지는 모르겠지
만 이런 생각이 위기의 순간에 큰 힘을 발휘한다는 것도 알고 있다.

어려움이 닥치면 나는 오히려 승부를 즐긴다. 풀 수 없는 어려움
은 없다고 생각한다. 정면 돌파. 아무리 단단한 벽도 계속 두드리

면 답이 나온다. 나는 사람들이 구두를 신지 않는 세상이 와서 이 세상 모든 구두 회사가 망할 수밖에 없는 상황이라고 해도 제일 마지막에 회사 문을 닫을 것이다.

작은 기회도 놓치지 마라

사실 경영을 하다 보면 곳곳이 승부처다. 신상품 디자인을 정하는 일, 매장 입지를 선정하는 일, 신규 사원을 선발하는 일, 심지어 우연히 끼게 된 술자리가 승부처가 될 수도 있다. 회사를 경영한다는 것은 그게 무엇이든지 간에 돈이 될 만한 상품을 세상에 내놓는 일이지만 그 속을 들여다보면 회사가 돌아가게 하는 힘은 '사람 관계'라는 사실을 알게 된다.

이미 세상은 너무 세밀해지고 정밀해져서 그 전문적인 일들을 한 회사에서 해결할 수 없는 경우가 많다. 이럴 때는 주변의 도움을 받아야 하는 경우가 생긴다. 그래서 언제 어디서 만난 사람이 나와 깊은 인연이 될지 모르는 일이다. 그런 생각을 하다 보면 우연히 참석한 술자리도 그냥 넘어갈 수가 없다.

나는 우연히 생긴 기회도 잘 잡아내는 편이다. 누구는 나를 '임기응변의 대가'라고 표현하기도 한다.

2010년 10월의 일이다. 정운찬 국무총리가 분야별로 중소기업 대표를 초대해 간담회 시간을 가졌다. 그 자리에는 경영인들이 여러 명 참석했다. 정 총리는 한 명씩 일일이 악수를 청했다. 다들 악수를 하면서 '저는 아무개 기업 아무개 사장입니다'라고 인사를 했다. 마음속으로 '저렇게 인사를 하면 국무총리가 기억이나 할 수 있을까?' 이런 생각이 들었다. 어차피 해야 할 인사라면 제대로 해야 그분도 오래 기억할 것 같았다. 내 차례가 왔다.

"안녕하십니까? 대한민국에서 구두를 제일 잘 만드는 구두장인 김원길입니다."

목소리에는 자심감이 넘쳤다. 다른 기업인들과 인사를 나눌 때와는 달리 정운찬 총리가 내 어깨를 두드리면서 말을 걸어왔다.

"그래요? 그럼 제 사이즈가 255인데 장인의 구두를 살 수 있을까요?

그는 얼굴에 환한 미소를 띠고 있었다.

나는 한마디 하는 기회를 놓치고 싶지 않았고 상대방이 곧바로 발 사이즈를 말하도록 힘을 주어서 이야기했다. 그렇게 하면 상대방이 반응을 보내줄 수밖에 없다. 그 대답을 받으면 그냥 지나갈 수도 있는 일이 기회가 된다. 나는 그 길로 회사에 돌아와 정성을 들여 총리의 구두를 만들었다.

얼마 지나지 않아 총리실에서 연락이 왔다. 정운찬 총리였다.

"구두 잘 받았습니다. 너무 좋은데요. 그런데 좀 더 높은 굽으로 주문이 가능한가요? 나이가 드니까 키가 줄어드는 것 같아요."

늘 자신 있게 말하라

정운찬 총리에 이어 이명박 대통령에게도 우리 구두를 보냈다.

2010년 12월 말, 중소기업중앙회 '송년의 밤' 행사에 참석할 때 일이다. 중소기업중앙회에서는 이명박 대통령이 참석할 수도 있다며 나에게 구두를 선물하는 게 어떠냐고 물었다. 흔쾌히 그렇게 하겠다고 했다. 중소기업인들을 아끼는 이명박 대통령은 그 1년 전에도 예고 없이 송년회 자리에 참석한 적이 있었다.

하지만 시간이 지나도 아무런 연락이 없었다. 그래서 포기할까 했는데 행사 2시간 전에 중소기업중앙회에서 자신들도 이제야 연락을 받았다며 이명박 대통령의 발 사이즈를 알려주었다. 새로 구두를 만들 시간은 못 됐다. 명동 매장에 들러 구두를 가지고 갔다. 발 사이즈를 늦게 준 것은 따로 구두 만드는 번거로움을 피하라는 대통령의 배려였다.

행사장으로 가는 차 안에서 구두 전할 때 건넬 말을 마음속으로 생각했다. 구두도 구두지만 나와 회사의 이미지를 남기고 싶었다. 이런저런 고민을 하다가 안토니 바이네르의 콘셉트인 '편안함'을 살리기로 했다.

그날 행사에는 대통령이 참석하지 못했다. 청와대 관계자가 대신 참석했다. 그에게 대통령 구두를 건네면서 이렇게 말했다.

"3년 동안 30개국 이상 순방하느라 얼마나 힘드십니까? 대통령의 지친 몸을 조금이라도 편하게 해 드리고 싶습니다. 발의 피로가 풀렸으면 좋겠다는 마음으로 이 구두를 드립니다."

이렇게 이명박 대통령에게도 우리 구두를 전달했다. 그리고 잘 받았다는 회신을 받았다.

세상에 많이 알려지지는 않았지만 국회의원, 장관, 연예인 등 유명인 중에 우리 구두 마니아들이 적지 않다. 그들에게 구두를 선물할 때도 정운찬 총리나 이명박 대통령에게 그랬던 것처럼 정성을 다했다. 그들에게 무엇을 바라지는 않는다. 우리 구두를 홍보해달라고 말하지도 않는다. 우리 구두를 신고 조금이라도 행복해지길 바랄 뿐이다.

사실 홍보는 억지로 되는 게 아니다. 큰 기업은 자본으로 승부를 걸 수도 있겠지만 돈 경쟁에 들어가면 한도 끝도 없다. 우리는 그럴 만한 돈은 없다. 기회가 생길 때마다 회사를 알리고 정성껏 구두를 선물하는 게 전부다. 물론 그냥 주지는 않는다. 우리의 마음을 선물하고 있다는 사실은 꼭 전한다. 이런 일들을 오랜 시간 지속하다 보니 스스로도 모르는 사이에 회사 브랜드가 많이 알려지기 시작했다.

우리 구두 바이네르와 안토니는 그렇게 세상에 알려졌고 그 반응이 쉽게 가라앉지도 않았다. 지금은 어느 분야든 간에 홍보가 중요하고 홍보 방법들이 첨단을 걷고 있지만 마음을 움직이는 홍보보다 더 나은 방법은 없다. 우리는 앞으로도 고객들의 마음을 붙잡는 홍보를 할 생각이다.

위기는 반드시 기회로 만들어라

우리 회사의 대표상품 '바이네르'는 구두 브랜드이기도 하지만 이 브랜드를 만든 장본인의 이름이기도 하다. 그분은 생전에 나를 참 좋아했다. 젊은 나이에 좋은 구두 찾는다며 이탈리아를 헤집고 다니던 나를 좋게 보았던 모양이다. 1994년 처음 라이선스 계약을 맺을 때 우리 회사가 어렵다는 것을 알고 로열티 없이 사용하게 해주기도 했다.

"그거 몇 푼 되지 않는다. 그냥 도와줘라."

그는 나에게 용기도 많이 주었다.

"한국에서는 네가 사장이니까 네 마음대로 해라!"

사석에서 그가 나에게 해주었던 이 말은 두고두고 큰 힘이 됐다. 라이선스 계약을 맺을 때 '김 사장은 구두 기술도 있고 용기도 있으니 분명히 성공할 것'이라며 어깨를 두드려주기도 했다.

나도 그분에게서 베푸는 즐거움을 배웠다. 그는 나뿐만 아니라 이해관계가 없는 사람들에게도 많이 베풀었다. 그는 기업 경영을 통해 얻는 이익은 사회와 나눠야 한다는 생각을 가지고 있었다. 꼭 아버지 같고 형님 같아서 1년에 서너 번씩은 꼭 만났다.

2002년 2월 19일 바이네르 창업주가 세상을 뜨면서 상황이 변했다. 사업을 물려받은 그의 아들은 창업주 아버지와 많이 달랐다. 의무수입량을 늘렸고 라이선스비도 새롭게 책정했다. 우리와 견해 차이가 생길 수밖에 없었다. 하지만 여전히 바이네르에 많이 의존하고 있었던 우리로서는 그 요구를 받아들일 수밖에 없었다.

바이네르 브랜드 사의 쿼터 압력이 심해지면서 당장 돈은 더 들어갔지만 궁극적으로는 우리가 얻은 게 더 컸다. 계속 이탈리아 브랜드에만 의존해서는 안 되고, 궁극적으로는 바이네를 상표권을 인수하거나 자체 브랜드를 키워야 한다는 사실을 절박하게 깨우쳤다.

바이네르 상표권 인수와 안토니 브랜드 마케팅은 그렇게 시작되었다. 여전히 우리 회사의 대표 상품은 바이네르이다. 또한 2011년 상표권 인수 이후로 바이네르는 우리 상표가 되어서 군이 시작부터 자체브랜드인 안토니와 구분을 지을 필요도 없어졌다. 이를 통해 세계 경영에 힘을 받게 된 셈이다.

'안토니'라는 이름에는 사연이 있다. 원래 1990년대 초 케리부룩에서 독립했을 때 '안토니오'라는 이름으로 구두를 제작한 적이 있다. 외국 브랜드가 흔하지 않을 때라 반응이 좋았다. 그러나 '안토니오 루디'라는 이탈리아 브랜드에서 자사브랜드 무단사용에 이의를 제기했고 우리는 '안토니오' 대신 '안토니'로 상표 등록을 하게 됐다.

문제가 생겼을 때 당황하거나 주변 사람을 탓할 필요가 없다. 어차피 시작부터 완벽한 시스템을 가진 회사는 없다. 하나씩 고쳐가면 되는 것이다. 기업을 운영하다 보면 위기는 늘 찾아온다. 위기를 슬기롭게 넘기고 새로운 미래를 만들어가는 게 경영이다. 그래서 어찌 보면 위기는 참 고마운 손님이다. 대신 위기는 반드시 기회로 만들어야 한다. 나도 그렇고 성공한 사람들은 모두 위기를 기회로 살렸다는 사실을 잊지 마라.

우리는 아무것도 아니다. 우리가 추구하는 것, 그것이 전부다.
— 프리드리히 휠덜린, 독일 시인

가치를 정립하라

나는 지금까지 살아오면서 인생에서 가장 중요하다고 생각하는 세 가지 '인생', '성공', '공부'에 대해 나름대로 정의를 내렸다. 정말 오랜 고민 끝에 내린 정의다. 그 정의에 대해선 확신을 가지고 있고 그 확신대로 인생을 살아가고 있다.

인생의 정의를 세워라

첫 번째 정의는 스무 살에 내렸다. 열아홉 살이 되면서 '인생이란 무엇일까?' 이 주제로 심각한 고민에 빠졌다. '인생이 뭐지?' 나보다 똑똑해 보이는 사람을 만나면 무조건 이 질문을 던졌다.

그러나 무척 많은 사람에게 질문을 던졌지만 인생이 무엇이라고 시원하게 답을 주는 사람이 없었다.

그렇게 1년여가 지난 어느 날, 불현듯 '아, 인생은 이런 것이겠구나!' 무릎을 탁 칠 만한 생각이 떠올랐다.

"인생이란 자기 앞에 놓여 있는 사다리를 오르는 것."

이것이 당시 내가 내린 인생에 대한 정의였다. 그 사다리는 그냥 사다리가 아니다. 끝이 없는 사다리다. 올라가기 싫으면 안 올라가도 된다. 하지만 스스로 인생을 살기 원한다면 올라야 한다. 나에게만 사다리가 있는 게 아니라 모든 사람에게 사다리가 놓여 있다. 높이 올라간 사람이 돋보이게 된다. 이렇게 스스로 인생에 대해 정의를 내리고 나서 혼신을 다해 사다리를 오르리라 다짐했다. 이런 생각이 인생을 살아가는 데 큰 힘이 됐다.

그 후로 서른다섯 살까지 15년 동안 진짜 열심히 살았다. 하루라도 일을 거른 날이 없다. 너무 위만 보고 올라간 것일까? 어느 순간 주변을 보니 아무도 없고 나 혼자만 너무 멀리 와 있었다.

성공의 정의를 세워라

두 번째 정의는 직원들과 함께 내렸다. 어차피 회사는 사장 때문에 존재하는 것이 아니다. 사장과 직원들이 함께 만들어가는 것이다. 그러니 성공에 대한 정의도 함께 내리는 게 옳다. 직원들과 수차례 회의를 거치다 보니 성공과 관련된 여러 요소 중에 '존경' '행복'이라는 단어가 남았다.

그렇다면 어떻게 해야 존경받고 행복해질 수 있을까? 존경받는 기업이 되기 위해서는 '나눔'과 '베풂'의 미덕이 있어야 한다. 우리는 그렇게 결론을 내렸다. 이전부터 나누는 것은 열심히 해왔지만, 직원들과 성공에 대한 정의를 내리고 나서는 보다 적극적으로 세상과 나누기 시작했다. 우리 회사는 매년 20퍼센트씩 성장한다. 그만큼 사회공헌 비용 역시 꾸준히 증가시켰고 2013년에는 6억 5,000만 원이 목표가 됐다.

6억 5,000만 원. 연 매출이 450억 원인 우리 회사 규모로 보면 분명히 큰돈이다. 그러나 돌아오는 것은 그것보다 훨씬 크다. 물론 돈이 돌아오는 것은 아니다. 사회 이곳저곳으로부터 존경의 소리가 들린다. 그런 소리를 듣고 있으면 회사 안에 기쁨이 넘친다. 직원들은 '사회에 좋은 일을 많이 하는 회사에 다니고 있다'라며 뿌듯해한다. 이게 행복이다. 베풀면서 존경받고 존경받으면서 행복하고. 회사 분위기를 그렇게 끌고 가다 보면 성공에 가까이 가고 있음을 깨닫게 된다.

사실 행복이란 멀리 있는 게 아니다. 자신이 하고 싶은 일을 하고 즐거움을 여러 사람과 공유하고 삶에 대한 고마움을 갖기 시작하면 행복이 보인다.

강의를 할 때면 꼭 '성공이 무엇이라고 생각하십니까?'라는 질문을 던진다. 하지만 이 물음에 확신을 갖고 자신만의 성공을 이야기하는 사람은 별로 없다. 현대인들은 대부분 성공에 대한 정의를 내리지 않거나 막연한 성공을 생각하며 살아가고 있다. 본인이 생각하는 성공이 무엇인지 명확하게 정의하는 작업이 필요하고 그 순간부터 성공에 다가가게 된다는 사실을 명심하라.

공부의 정의를 세워라

나는 진짜 공부는 '세상이 필요로 하게 나를 갈고 다듬는 것'이라고 생각한다. 세상은 늘 변한다. 어제도 변하고 오늘도 변하고 내일도 변할 것이다. 하지만 세상이 아무리 변해도 사람은 늘 필요하다. 끊임없이 세상이 나를 필요로 하게 만드는 작업이 공부다. 다른 것이 아니다. 세상이 필요로 하는 것, 그중에서 나에게 가장 잘맞는 것을 선택해 갈고 닦으면 그게 바로 진짜 공부다.

아이들에게 매일 공부하라고 해봤자 소용없다. 공부에 대한 정의를 확실하게 내리지 않은 상태라면 효과가 없다. 자신을 위해서가 아니라 부모를 위해서 공부하는 것이다.

목표가 서 있지 않은 상황에서는 결과도 좋게 나오지 않는다. 억지로 공부해서 대학에 들어가도 미래의 직업을 결정하지 못했기 때문에 어차피 다시 처음부터 계획을 세워야 한다. 명문대를 가는 것, 좋은 간판을 따는 것, 이것이 공부가 아니고 세상이 나를 필요로 하게 만드는 것이 진짜 공부다.

나는 공부에 대한 정의를 아주 쉽게 내렸고 얼마 전부터 직원들과 공유하고 있다. 요즘 우리 직원들이 많이 달라졌다. 공부에 대한 정의를 세운 뒤부터 스스로 일을 하기 시작했다. 특히 트렌드에 민감한 개발실에서 이 말에 많이 공감하고 한다. 고객이 우리를 필요로 하게 만들어야 한다. 우리 구두를 사지 않으면 못 배길 정도의 구두를 만들어야 하기 때문이다.

우리 집 막내딸도 변했다. 워낙 공부에는 취미가 없었는데 공부의 정의를 함께 내린 이후에 공부에 대한 열의가 커졌다. 지금은 스스로 목표를 세워놓고 하나씩 달성해가는 재미에 푹 빠져 있다.

지금 이 순간에도 세상의 가치관과 삶의 스타일은 변하고 있다. 이 변화에 맞추고 꾸준히 공부하지 않으면 세상에서 밀려 나가기 시작한다. 내가 필요하지 않으면 사회라는 관계에서 사라지고 마는 것이다. 진짜 공부를 해야 하는 이유는 명확하다.

정의 내린 것들을 실천하라

나는 스무 살에 인생에 대한 정의를 내리고 나서 사업에서 가장 필요하다고 할 수도 있는 '추진력'을 얻었다. 15년 동안 쉼 없이 달릴 수 있었다. 그 기간 동안 엄청난 경험을 했고 성공을 위한 모든 준비가 끝이 났다. 이처럼 '정의 내리기'는 사람의 인생에서 매우 강력한 힘을 발휘한다.

회사가 자리 잡히고 내린 성공에 대한 정의는 하나의 지향점이 됐고 직원들을 결속시키는 역할을 해주었다. '존경'과 '행복'을 추구하는 우리의 성공이 사회와 더불어 가는 길이라는 사실을 명확하게 인식하면서 회사 일을 가장 우선하게 됐다.

'사회가 필요로 하는 인재가 되라.'

내가 세운 공부에 대한 정의는 회사가 한 단계 더 치고 올라가는 동력 역할을 해주었다. 직원들은 이전보다 훨씬 더 노력하기 시작했고 회사는 현재 고도 성장기에 들어섰다. 고객에게 필요한 나, 고객에게 필요한 구두를 만드는 것을 삶의 맨 앞에 두기 시작하면서 구두 완성도가 한층 좋아졌다.

나는 이 세 가지가 순차적으로 정리된 것만 가지고도 우리 회사의 미래는 밝다고 감히 전망한다. 기업의 철학을 만드는 일은 눈에 보이지 않기 때문에 큰일로 받아들이지 않을 수도 있지만 회사가 체계적으로 성장하기 위해서는 반드시 필요한 작업이다. 왜냐하면 기업의 철학을 만드는 작업이 모여서 회의를 진행한다고 그냥 만들어지는 게 아니기 때문이다. 오랜 경험과 피를 토하는 고민이 필요하고 모든 사람들이 함께 생각하는 과정을 거쳐야만 비로소 완성된다. 그렇게 만들어진 기업 철학은 직원들을 결속시키고 기업이 한 단계 올라서는 데 가장 큰 역할을 한다.

대기업들은 '핵심역량 강화' '고객가치 추구' 등 어찌 보면 뻔한 문구 몇 개 만드는 데 수십억 원씩 투자한다. 잘 만들어진 기업 철학 하나가 수만 명 직원을 하나로 모으는 힘을 가지고 있다는 것을 잘 알고 있기 때문이다.

요는 실천이다. 아무리 좋은 말로 정의를 만들어도 실천하지 않으면 공염불에 불과하다. 정의하라. 그리고 실천하라. 이게 가장 확실한 성공의 방정식이다.

할 수 있다고 믿기 때문에 할 수 있는 것이다.

— 베르길리우스, 로마 시인

꿈은 본래 비현실적이다

나이 때문인가? 정치 입문 의사를 물어보는 사람들이 많다. 그 이야기를 하도 많이 들어서 이제는 들은 척도 하지 않는다. 내가 정치를 완전히 외면하는 이유는 명쾌하다. 정치를 하면 행복하지 않을 것이다. 존경받을 자신도 없다. 내가 생각하는 성공은 '사람들에게 존경받고 스스로 행복한 상태'인데 그 방향과 많이 달라질 수밖에 없다.

"정치를 하면 사회를 바꿀 수 있고 다른 행복이 찾아올 수 있다."

맞는 말이다. 하지만 이게 가능하려면 사명감이 있어야 한다. 하지만 나는 정치적인 사명감이 많이 부족하다. 결국 정치를 통해 얻게 되는 행복과 내가 생각하는 행복은 다르다. 정치를 하면 적성에 맞지 않아서 행복지수가 많이 떨어질 것이다.

사람들이 나에게 '정치할 생각이 없느냐?'고 물으면 이런 설명과 함께 'No'라는 답을 해준다. 그런데 참 그렇다. 이렇게 나름 명쾌한 답을 해주었는데도 불구하고 '정말 정치할 생각이 없느냐?'고 되묻는다.

꿈은 최대한 크게 꿔라

그래서 요즘은 정치에 대한 질문을 받으면 다르게 대답한다.

"저, 실은 제 꿈이 따로 있어요."

"그게 뭔데요."

"노벨평화상 받는 것이요."

"네?"

이렇게 말하면 맛이 간 사람 취급하면서 더는 질문을 던지지 못한다. 워낙 비현실적인 목표이기도 하거니와 정치와 가장 멀리 떨어져 있는 상이기 때문이다. 노벨평화상을 꿈꾸는 사람에게 무슨 정치인가? 고故 김대중 전 대통령과 미국의 오바마 대통령이 수상하긴 했지만 그건 예외의 경우다.

노벨평화상 수상. 하지만 이 대답은 완전한 거짓말은 아니다. 내 본심의 50퍼센트를 말한 것이다. 사실 내 꿈은 '노벨평화상 수상'이 아니라 사람들로부디 다음과 같은 소리를 듣는 것이다.

"김원길 사장은 노벨평화상을 받을 만한 사람이야."

나는 예나 지금이나 끊임없이 꿈을 꾼다. 그 꿈은 꽤 크고 시간이 오래 걸리는 것들이다. 안토니를 세계 최고의 명품 브랜드로 만드는 것, 지금 키우고 있는 골프 꿈나무를 세계 챔피언으로 만드는 것, 비즈니스 꿈나무들이 안정적으로 회사를 만들도록 돕는 것, 내 주변에 어려운 사람이 없게 만드는 것 등이 모두 그렇다. 이것들을 이루기 위해서는 엄청나게 많은 시간과 노력을 기울여야 한다.

내가 꾸는 꿈은 공통점이 있다. 사람들에게 '꿈을 심어주는 작업'이다. 한마디로 정리하면 '꿈의 전도사'가 되고 싶다. 사람들을 만나서 나처럼 학벌 없고 배경 없고 그저 노력만으로 살아온 사람도 성공할 수 있고 좋은 일을 할 수 있다는 것을 보여주고 싶다.

꿈은 최대한 크게 갖는 게 좋다. 그리고 이왕이면 성경에 나올 법한 '공익적인 꿈'을 갖는 게 좋다. 그런 꿈을 꾸기 시작하면 스스로 대견해지고 하는 일에 명분이 생겨서인지 어려운 일도 술술 풀린다. 주변에 도움을 주는 사람들도 많이 생긴다.

"돈도 생기지 않는 '남 좋은 일'은 무엇 때문에 합니까?"

가끔 이렇게 대놓고 물어보는 사람들도 있다. 그러나 제발 이렇게 묻지 않았으면 좋겠다. 돈은 생기지 않는다. 하지만 주변에 좋은 사람들이 생긴다. 무엇이 더 나은가?

꿈을 현실로 만들어라

규모가 작았던 우리 회사가 지금의 규모로 한 단계 올라선 데에는 한 가지 이유가 있었다. 구두 업계 최초 전산 시스템 도입이 커다란 계기가 되었다고 생각한다. 그것도 IMF 외환위기가 들이닥친 1998년에 일을 저질렀으니 모험이라면 모험이었다. 우리 회사가 다른 회사보다 7~8년이 빨랐다. 당시만 해도 PC가 대중화되기 전이었다.

시발이 된 것은 회의 시간에 벌어진 평범한 상황 때문이었다. 당시 회의 주제는 두 가지였다.

'어떤 구두가 가장 잘 팔리는가?' '어떤 구두가 안 팔리는가?'

그날 회의 데이터는 신제품 개발에 반영하기로 돼 있었다. 그런데 회의 시간에 보고된 데이터가 현실을 제대로 반영하지 못하고 있었다. 매장에서 '잘 팔려요' 하던 모델이 가장 많이 반품돼 들어오고 생각지도 못했던 모델이 매장에서는 불티나게 팔리는 식이었다. 회사가 커 나가려면 이런 시스템으로는 안 되겠다 싶어서 회사 사운을 걸고 전 매장과 연결되는 시스템을 만들기로 작정했다. 그게 가능한 것은 컴퓨터를 활용한 전산 시스템밖에 없었다.

당시만 해도 우리는 IT 강국이 아니었다. 미국이 최고였다. 구두 기술을 살피려고 미국에 가보면 사실 구두 만드는 기술보다 매장을 관리하는 전산 시스템에 더 많이 놀라곤 했다. 그들은 당시에 이미 모든 통계 관리를 전산으로 하고 있었다. 모든 매장의 제품을 PC 한 대로 확인하는 모습이 마치 SF영화의 한 장면을 보는 것 같은 느낌이 들었다.

처음에는 그들의 시스템을 그대로 들여오려 했다. 그런데 아무리 생각해봐도 무리다 싶었다. 모든 표기가 영어로 돼 있는데다가 그들이 설정해놓은 메뉴는 우리의 관심종목과 거리가 있었다. 시기상조이니 포기하자는 의견도 있었지만 나는 여기서 다시 한 번 모험을 선택했다. 국내 IT 업체와 전산관리 시스템을 개발하기로 한 것이다.

좀 힘들기는 했다. 시스템을 개발하는 데만 6개월이 걸렸다. 다양한 프로그램이 차고 넘치는 요즘이야 한 달도 안 걸리겠지만 당시에는 무에서 유를 창조하는 일이나 마찬가지였다. 개발비도 5,000만 원. 지금으로 따지면 수억 원도 넘을 만큼 큰 금액이었다.

시스템을 오픈한 첫날. 정말 모든 게 신기했다. 우리의 모든 모델이 잘 팔리는 순서대로 정렬이 되고 모두 몇 켤레가 팔리고 잔고는 몇 개고 어느 매장에서는 어느 모델이 잘 팔리는지 실시간으로 한눈에 들어왔다. 그야말로 상상이 현실이 되는 순간이었다.

당시만 해도 전 매장의 재고를 본사에서 기계 하나로 파악한다는 것은 상상 속에서나 가능한 일이었다. 그마저도 한 번 이루겠다고 마음먹으니 현실에서 실현이 됐다. 상상을 현실로 만들기. 이것도 실천하기에 달려 있다.

다시 더 큰 꿈을 꿔라

급작스럽게 전산화가 이루어지고 보니 폐해도 있었다. 평소에 늘 하던 매출 회의가 필요 없어진 것이다. 매출을 실시간으로 파악하고 있으니 회의하려고 임직원을 불러놓아도 할 말이 없었다.

'이렇게 할 일이 없어지면 나도 그만둬야 하는 것 아닌가?'

사장인 나조차도 기계 앞에서 위기의식을 느꼈다. 매출 이외에 다른 것이 필요했다. 그건 '고객 서비스'였다.

그런 고민 끝에 만들어낸 게 전 매장에 지시한 '에피소드 올리기'였다. 주제는 '고객이 좋아하는 것 세 가지' '기분 나빠했던 것 세 가지'를 1주일에 한 번씩 올리라고 전 매장에 지시했다. 현장 고객의 반응이 마케팅에 가장 좋은 재료가 될 것이라고 판단했다.

그렇게 1년이 지나고 그동안 쌓인 데이터를 바탕으로 본격적인 마케팅을 시작했다. 그 자료를 활용하자 고객 기호에 맞는 제품 생산이 가능해졌고 매출은 급격히 늘어났다. 매년 15~25퍼센트씩 성장했으며 꿈만 같았던 100억 원대 매출을 단숨에 돌파했다.

우리가 선두주자들을 따라잡게 된 것도 그때부터였다. 이처럼 전산 시스템 구축은 우리 회사가 한 단계 도약하는 데 결정적인 역할을 했다.

사실 1998년은 투자가 힘든 시기였다. 하지만 나는 전산화가 회사를 살리는 길이라는 것을 알았다. 영업을 통해 구두를 돈으로 만들어야 이익인데 당시에는 구두가 너무 안 팔려서 재고만 쌓였다. 사실 구두 회사에게 팔리지 않는 구두는 필요가 없다. 팔아야 돈이다. 거기에 재고 파악도 제대로 되지 않고 있었으니 할 수 있는 게 아무것도 없었다. 마케팅을 제대로 하기 위해서 정확한 재고 파악은 필수였다.

전산화가 우리 몸에 익기까지는 시간이 걸렸지만 꼭 가야 할 길이었다. 당시 전산화를 시도하지 않았다면 우리 회사는 계속 제자리걸음이었을 테고 지금의 성과는 없었을지도 모른다.

아무리 생각해봐도 꿈은 크게 꾸는 게 좋다. 실현 불가능한 꿈은 더더욱 좋다. 그 꿈을 구체화시키고 하나씩 실천에 옮기다 보면 좋은 결과들이 따라온다. 꿈을 현실화시킨 경험을 쌓아가다 보면 이 세상 모든 일이 손에 잡힐 듯 다가온다. 그야말로 사업하는 맛을 제대로 느끼게 되는 것이다.

즉시 반드시 될 때까지 하라

이탈리아라고 무조건 구두를 잘 만들고 우리라고 뒤처진다는 생각은 맞지 않다. 우리의 기술도 많이 올라왔다. 서로 다른 장단점을 가지고 있다고 보면 맞을 것이다. 자랑할 일은 아니지만 '짝퉁'을 '진짜'처럼 만드는 우리의 손기술은 이미 세계적인 수준이다. 콤포트 슈즈 분야는 오히려 우리가 이탈리아보다 앞서 있다. '명품' 강박에 빠져 있는 이탈리아는 예나 지금이나 맵시를 중요시한다. 디자인 능력은 뛰어나지만 기술적인 면에서는 차이가 없다. 디자인을 강화하고 편안함을 강조한다면 충분히 승산이 있는 게임이다. '최고의 무대에서 경쟁하고 싶다.' 명품의 나라 이탈리아를 안토니가 진출할 첫 번째 시장으로 잡은 것은 '최고의 무대에서 경쟁하고 싶다'는 나의 의지가 반영된 결정이었다.

불타는 열정 한 걸음 한 걸음이 모여
꿈을 이룬다

살아가는 자들은 투쟁하는 자들이다.
숭고한 결심이 영혼과 눈을 가득 채운 자, 고결한 운명에 의해 격려받는 자들은
비탈을 올라간다.
— **빅토르 위고, 프랑스 작가**

믿을 건 실천력뿐이다

사업을 하다 보면 자살을 생각할 만큼 힘든 시기가 찾아온다. 돌이
켜 생각해보면 그때가 가장 큰 고비다. 동트기 전이 가장 어둡다고
그 시기에는 앞이 보이지 않는다. 다시는 일어서지 못할 것 같다.

 그게 함정이다. 그 터널을 뚫고 나오면 앞길이 훤하게 보인다. 나
역시 그 시기가 지나자 이것저것 복잡한 생각들이 정리되고 해야
할 일들만 명료하게 드러났다.

고민하는 만큼 답을 얻는다

어음 결제 대금은 일단 지인들의 도움으로 막아냈다. 평소 나를 아껴주었던 두 명의 선배가 돈을 빌려주었다. 자금 문제가 풀리자 품질 관리에 전념할 수 있었다. 회사를 나와 독립을 하고 4년 동안 정신없이 달려왔지만 눈앞의 현안을 쳐내기 바빴지 진짜 경영이라고 말하기 힘들었다. 이제 진짜 승부를 걸 때가 되었다.

가장 시급한 것은 구두 시장 트렌드를 잡아내는 일이었다. 그때까지 우리나라 사람들은 세대에 따라 정장화와 캐주얼화를 뚜렷하게 구분하고 있었다. 대학을 졸업하고 일단 사회생활을 시작하면 캐주얼화는 신지 않았다.

그런데 가만히 살펴보니 1990년대 중반에 접어들면서 구두 시장에 작은 변화가 일고 있었다. 겉은 정장화이지만 소재는 가벼운 기능성 구두가 조금씩 시장을 넓히고 있었던 것이다. 소비자들이 '컴포트화'라고 불리는 편안한 구두를 찾기 시작한 게 그때였다.

사실 정통 정장화는 단정한 느낌을 주기는 하지만 딱딱하고 불편하다. 경직됐던 1980년대를 지나고 1990년대 들어 사회 분위기가 유연해지면서 구두 트렌드도 실용적으로 바뀌고 있었던 것이다. 편안함을 강조한 미국의 사스SAS 구두가 국내 시장에서 좋은 평가를 받기 시작한 것도 그때였다. 이런 흐름을 읽고 나니 답은 이미 나와 있는 것이나 마찬가지였다. '편안한 구두' 콤포트 슈즈 시장을 공략하라!

목이 마르면 우물을 파라

품질과 판매는 자신 있었다. 필요한 것은 브랜드였다. 세상에서 가장 편안한 구두를 만들어낸들 브랜드가 없으면 팔 수가 없다. (주) 원길에서 만들어낸 '안토니오'(후에 안토니로 바뀜) 제품의 판매가 부진했던 것도 브랜드 파워가 약했기 때문이다. 소비자의 마음을 끌만한 브랜드가 필요했다.

1994년에 열린 밀라노 미캄 구두박람회(MICAM 1994) 현장에 무작정 찾아갔다. 매년 밀라노에서 열리는 이 행사에는 전 세계 2,000여 개 구두 제조업체들이 참여한다. 웬만한 브랜드는 거의 다 만날 수 있는 곳이다. 그중에 절반은 구두가 국가사업이다시피한 이탈리아 업체들이다. 그 안에서 세상이 미처 모르고 있는 '보석 같은' 브랜드를 찾아내야 한다. 혈혈단신 이탈리아로 떠났던 나는 통역의 도움을 받으며 행사가 진행되는 3일 동안 2,000개 업체를 전부 뒤졌다. 잠시도 쉴 겨를이 없었다.

그렇게 관찰을 거듭해 찾아낸 게 바로 이탈리아 코디바CODIVA 사社의 바이네르VAINER 브랜드였다. 거의 모든 이탈리아 구두 회사들은 패션 구두를 선호하는 데 반해 코디바 사는 편안한 기능성 구두를 만들고 있었다.

제품은 마음에 쏙 들었다. 문제는 협상이었다. 이탈리아에서도 인정받는 중견 회사가 한국의 신생 회사의 손을 덥석 잡을 리 만무했다. 작전이 필요했다. 그들과 최대한 짧은 시간 안에 협상을 하는 것이 유리할 것이라는 생각이 들었다. 전시회 마지막 날 바이네르 부스를 찾아가서 계약을 맺고 싶다는 뜻을 전했다.

"검토해볼 테니 주문장 놓고 가세요."

예상대로 바이네르 관계자는 지극히 사무적이었다. 우리와 계약할 마음이 조금도 없어 보였다. 나를 못 미더워하는 빛이 역력했다. (주)원길이 워낙 인지도가 없고 행색도 초라한데다가 협상팀이라고는 통역사를 제외하면 나 혼자였으니 그런 태도도 무리는 아니었다.

"3,000켤레."

내가 부를 수 있는 최대한을 불렀다. 계약을 맺기 위해서는 그 방법밖에는 없었다. 코디바 사 관계자가 놀라서 나를 쳐다봤다. 3,000켤레 가격 1억 5천만 원은 그들에게도 적지 않은 금액이었다. 나로서는 엄청난 모험이었다. 자금 문제가 해결되지 않은 상태였다. 그 3,000켤레가 팔리지 않으면 그야말로 끝장이었다.

성실함과 끈기로 승부하라

'구두의 본고장 이탈리아에서 만든 편안한 구두, 바이네르.'

전단을 들고 뉴코아백화점과 롯데백화점을 돌자 첫 수주물량 3,000켤레가 딱 두 달 만에 다 팔렸다. 우리나라에 콤포트 슈즈 시장이 열리고 있는 것은 확실했다. 바이네르 구두가 시장에서 좋은 반응을 얻으면서 위험한 고비는 넘길 수 있었다. 문제는 수급이었다.

이탈리아에 주문을 넣으면 두 달은 지나야 구두를 받아볼 수 있었다. 그러다 보니 잘 팔려도 걱정이고 안 팔려도 걱정이었다. 잘 팔리면 물량이 없고 그걸 감안해서 한꺼번에 많이 들여오면 보관이 문제였다. 경영을 하려면 어느 정도 예상치가 있어야 계획을 짜는데 매일 위태로웠다. 몇 번 거래를 하고 나서 코디바 측에 '우리와 계속 거래하려면 일정량은 한국에서도 만들어야 한다. 라이선스를 달라'고 요구했다.

바이네르 라이선스는 내가 궁극적으로 노리는 부분이기도 했다. (주)원길은 구두 판매 대행회사가 아니라 구두 제조회사다. 외국 수입제품 판매가 주가 돼서는 미래가 없다. 결국 우리가 만들어야 하는데 바이네르 라이선스가 그 해답이었다.

코디바 측에서는 이내 답을 주지 않았다. 몇 번 거래가 있었지만 여전히 우리를 파트너로 생각하지 않았다. 하지만 6개월 동안 끈질기게 쫓아다녀서 바이네르 한국 라이선스 판매 계약을 이끌어냈다.

바이네르 사에서 우리의 손을 쉽게 잡지 않았던 것은 '판매 역량'보다는 '지속가능 능력' 때문이었다. 라이선스 계약까지 맺었는데 몇 년 가지 못하면 이미지만 떨어진다고 생각한 것이다. 이 문제를 성실함과 끈기로 설득시켰다. 그게 1996년 일이다.

바이네르 라이선스를 따오면서 그간의 물량 확보 문제가 해결됐다. 완제품 수입과 국내 제작을 적절하게 배합할 수 있게 된 것이다. 바이네르 브랜드가 한국에 정착하고 우리 회사가 안정을 찾기 시작한 것도 이 무렵부터였다. 결론은 품질이다. 아무리 마케팅 능력이 뛰어나고 자본이 넘쳐도 품질이 떨어져서는 제조업에서 성공할 수가 없다. 이러니저러니 해도 '영업 부진'의 가장 근본적인 이유는 품질인 것이다.

코디바 측에서도 우리와 거래를 계속하면서 기술을 인정하기 시작했다. 우리가 만드는 바이네르 구두가 자신들 것과 별반 차이가 없다는 것을 알게 됐다. 그들과 신뢰가 깊어진 데는 서로 기술적인 부분에서 만족하기 시작하면서부터다.

바이네르가 한국시장에 연착륙하면서 그를 통해 벌어들인 수익으로 우리는 자체 브랜드 '안토니'를 키우기 시작했다. 바이네르에 계속 기댈 수 없었기 때문이다. 안토니가 바이네르의 자매 브랜드로 알려지면서 매출도 늘기 시작했다. 안토니라는 이름이 더 친근한지, 지금은 안토니 브랜드 매출이 바이네르를 넘어섰다.

최선을 찾아라

나는 원래 구두 만드는 기술자인데 영업을 더 잘한다.

가끔 그 이유가 뭘까 곰곰이 생각해본다. 내가 특별한 사람이어서 그런 것 같지는 않다. 단지 구두를 잘 알고 구두에 대한 열정이 남다르기 때문일 것이다. 어떤 분야든 기술을 아는 사람이 영업을 하면 잘할 수 있다. 나는 그렇게 생각한다.

돌이켜 생각해보면 경영이 어려울 때 '기술'을 먼저 생각했고 '편한 구두'를 선택한 것은 매우 현명한 판단이었다. 영업이 기술을 앞설 수는 없다. 먼저 좋은 구두를 만들어야 나중에 돈이 들어오든지 말든지 한다. 좋은 구두란 단지 기술적으로 잘 만든 구두를 뜻하는 것은 아니다. 기술은 기본이고 소비자의 마음까지 훔친 구두를 말한다. 디자인이나 색상은 물론이고 심지어 바느질 간격까지 소비자의 마음에 맞아야 한다. 그게 트렌드에 맞는 구두다.

우리말에 '빚에 쪼들려서는 살아도 신발에 조여서는 못 산다'는 말이 있다. 발이 불편해서는 아무것도 할 수 없다는 의미다. 그 말이 나에게 많은 힌트를 주었다. 발이 편안한 구두를 만들어야 팔린다는 생각이 신앙처럼 가슴에 자리 잡았다.

'마음까지 편안한 구두를 만들겠다.'

세계를 무대로 삼아라

'어떻게 하면 지금보다 더 편한 구두를 만들 수 있을까?'

구두에는 두 가지 종류가 있다. 눈을 즐겁게 하는 구두와 발을 편하게 하는 구두. 나는 사업을 시작한 이후 지금까지 '발이 편한 구두'를 표방해왔다.

이 세상에서 가장 발이 편한 구두를 만들기 위해 사방팔방 뛰어다녔다. 미국과 유럽을 다니면서 구두를 잘 만든다는 회사는 죄다 돌아다녔다. 그들의 기술을 보고 배우면서 가장 적합한 시스템이 무엇인지 고민했다. 20년 가까운 세월이 흘렀지만 지금도 그 고민은 끝나지 않았다.

보물을 찾아 세계 곳곳을 누벼라

우리와 바이네르 브랜드 라이선스 계약을 맺은 코디바 사는 구두의 나라 이탈리아에서도 기술로 인정받는 견실한 회사다. 수많은 회사 중에 이런 회사를 찾아내고 계약을 이끌어내는 일은 말처럼 쉽지 않다. 수백 개 회사와 접촉하고 수십 개 회사를 찾아가고 수많은 제품을 사봐야 가능하다.

바이네르 외에 다른 이탈리아 브랜드를 수입한 적이 있다. 좋은 브랜드는 많을수록 좋기 때문이다. 하지만 모두 실패했다. 한마디로 품질이 안 됐다. 이탈리아 현지에 가서 직접 눈으로 보고 계약을 해도 막상 구두를 받아보면 형편없는 경우가 많았다. 품질 문제로 이탈리아 업체들과 많이 싸웠다. 신발을 내던지며 싸운 적도 있다.

보통 이탈리아 하면 명품 브랜드를 떠올리지만 나머지 회사들은 대체로 섬세한 면이 떨어진다. 우리보다 어설픈 회사들도 많다. '메이드 인 이탈리아'로 먹고사는 회사들이다. 이탈리아 구두 업체들에 크게 실망하고 나서 관심을 미국으로 돌렸다. 특히 매년 2월 미국 라스베이거스에서 열리는 세계 신발 박람회wsA를 10년 넘게 참관하고 있다.

현지에서 인연을 맺은 두 개의 구두 회사인 브라운 그룹과 나인 웨스트 그룹과는 실제 거래도 했다. 두 회사 모두 연 매출 10억 달러 이상의 거대 기업이다. 그들에게서는 구두를 만드는 기술보다도 대량 생산 시스템을 배워왔다. 오래전부터 대량 양산 체제를 갖춘 미국 회사들은 모든 공정이 합리적이고 정확했다. 성수기와 비수기 조절이 확실했고 시간을 조금이라도 절약하기 위해 시스템을 최대한 간소화했다. 우리 회사가 200명의 직원으로 연간 24만 족 이상의 콤포트 슈즈 생산이 가능해진 것도 그 시스템을 접목하면서부터다.

해외의 크고 작은 구두 업체들과 만나면서 한 가지 확실하게 깨달은 게 있다. 그들의 노하우를 얻기 위해서는 그들과 거래를 해봐야 한다는 것이다. 거래가 트여야 제작 공정도 제대로 보여주고 사석에서 이런저런 노하우도 자연스럽게 풀어놓는다. 없는 시간 억지로 만들어서 그들의 공장을 찾아가고 한시도 긴장을 늦추지 않은 채 그들과 대화를 이어갔던 것은 노하우를 배우기 위해서였다.

배우는 데 시간과 노력을 아끼지 마라

나는 배우는 데 시간과 노력을 아끼지 않는다. 무엇이든 배워야 써먹을 수 있다고 생각한다.

'어디의 누가 구두 잘 만든다더라'는 소리가 들리면 그게 누구이고 그곳이 어디든 간에 무조건 쫓아가서 보고 배운다. 그러다 보니 이름도 기억나지 않는 미국의 어느 시골에서부터 알프스 산골까지 안 가본 곳이 없다.

'이곳은 어떤 시스템이고 어떤 과정을 거치고 그러니 어떤 스타일 구두가 나오겠구나.'

이제는 스치고 지나가면 안다. 공장을 한 번 쓱 둘러보고 완제품 한 번 만져보면 기능공 수준이 어느 정도이고 무슨 생각으로 구두를 만들었는지도 알게 된다. 워낙 많은 곳을 돌아다녀서 이골이 난 것이다.

'김 사장은 기능공 뒤통수만 봐도 무슨 생각으로 만드는지 아는 것 같다.'

어느 공장에 가든 구두 한 켤레만 들고도 이것저것 문제점을 짚어내니까 주변에서 하는 말이다.

나는 외국을 자주 나가는 편이다. 반드시 나가야 할 일이 아니어도 궁금한 게 있으면 나간다. 그렇게 돌아다니다 보니 1993년부터 지금까지 마일리지가 150만 마일이나 쌓였다. 지구 둘레가 대략 4만 킬로미터니까 지구를 약 60바퀴나 돈 셈이다.

사실 나는 비행기를 오래 타면 안 된다. 혈관에 문제가 있는지 비행기 좌석에 오래 앉아 있으면 무릎이 굳는다. 지금은 그래도 조금 여유가 생겨서 비즈니스 클래스를 타지만 이코노미 클래스를 탔던 시절에는 1시간도 앉아 있기가 힘들었다. 다리 굳는 게 무서워서 지금도 비행기 안에서는 최대한 움직이고 잠은 안 자려고 노력한다.

한 번은 빡빡한 일정을 소화하고 이탈리아로 출발했다가 비행기 안에서 그냥 곯아떨어진 적이 있었다. 몇 시간이나 흘렀을까? 자면서 느낌이 굉장히 안 좋았다. 정신을 차려보니 사지가 움직이지 않았다. 눈도 떠지지 않았다.

'이렇게 여기서 죽는구나!'

죽는다는 생각만 들었다. 최대한 조심스럽게 손가락을 움직였다. 조금 전까지 움직이지 않던 손가락이 움직였다. 다른 부위는 아직 반응이 없었다. 서두르면 큰 화를 부를 수 있었다. 양손으로 허벅지부터 조심스럽게 마사지를 시작했다. 한참 동안 조금씩 다리를 풀었다. 그렇게 한 시간 동안 다리를 주무르자 움직이기 시작했다. 그날 이후로는 비행기 안에서 절대 잠을 자지 않는다.

재료가 생명이다

품질 좋은 구두를 만드는 성공한 회사들은 공통점이 있다. 엄청나게 훌륭한 기능공을 다수 보유하고 있거나 최첨단 기계를 구비하고 있거나 하는 것들은 부수적이다. 모두 '최고의 소재'를 재료로 사용한다. 그것이 정답이다.

좋은 구두가 되려면 우선 소재가 좋아야 한다. 음식과 같다. 아무리 대단한 요리라고 해도 재료가 나쁘다면 훌륭한 완성품이 나올 수 없다. 구두도 마찬가지다. 좋은 재료 위에 좋은 기술이 얹어져야 '명품'이 나온다. 유명한 회사일수록 재료 구입에 전력을 다하는 것도 바로 이런 이유 때문이다.

'어떻게 하면 좋은 재료를 선점할 수 있을까?'

회사가 자리를 잡아가던 2000년대 초 나에게 다가온 또 하나의 숙제였다. 회사가 한 단계 더 도약하기 위해서는 반드시 풀고 넘어가야 할 산이기도 했다. 최고의 재료 확보는 좋은 구두를 만들기 위한 필요조건이지만 현실에서 이루기란 결코 쉬운 일이 아니다. 이 세상에서 구할 수 있는 원재료의 양은 한계가 있고 최고의 재료를 가지고 있는 거래처는 콧대가 이만저만 센 게 아니다. 무조건 돈으로 해결할 수도 없는 문제이고 무조건 '우리가 최고의 제품을 만들 의지와 열정이 있으니 우리와 계약하자'라고 감정에 호소할 수도 없다. 오랜 시간 동안 믿음을 주고 자연스럽게 우리에게 좋은 재료가 들어와야 한다.

장고를 거듭한 끝에 한 가지 방법을 찾았다. '제때' '현금'으로 결제하는 게 그 해답이었다. 이 세상 어떤 거래든 간에 상대에게 신뢰를 심어주는 최선의 방법은 '정확한 결제'다.

대한민국 모든 직종 모든 회사를 통틀어 우리가 최고의 결제 조건을 가지고 있다고 자신 있게 말할 수 있다. 웬만하면 재료가 들어오는 날, 그 자리에서 결제해주고 그렇지 않으면 다음 날 오전 9시 30분에 은행에서 바로 찾을 수 있게 해준다. 결제 방식은 어음이 아니라 현금이다.

내 생각은 틀리지 않았다. 결제일을 칼같이 지키기 시작하면서 좋은 재료 확보가 쉬워졌다. 재료를 제공하는 측에서도 돈 관계가 깔끔한 우리를 뒷전에 둘 이유가 없었다. 잘될 때는 모든 게 잘 풀린다고 좋은 재료를 확보하기 시작하면서 우리 구두는 더 잘 팔리기 시작했다.

내가 '최상의 결제 조건'을 원칙으로 세운 데에는 개인적인 이유도 있다. 케리부룩에 근무할 때 미지급된 결제 대금 받으려고 회사 근처를 기웃거리는 사람들 많이 봤다. 사무실 구석에 쭈그리고 앉아서 기다리는 사람도 적지 않았다. 케리부룩도 바로바로 결제해주면 될 걸 꼭 시간을 끌었다. 참 보기 싫었다. 그때 이미 '내가 사업하면 절대 저렇게 만들지 않겠다'고 다짐했다.

　우리 회사가 다른 회사에 비해 돈이 많아서도 아니다. 우리도 다른 회사들처럼 현금을 회전시켜 다른 수익을 거둘 수도 있다. 하지만 나는 혹시 돈이 부족하면 은행에서 빌려서라도 결제일에 대금을 보낸다. 이건 내가 세운 원칙이고 그 약속을 지키고 싶기 때문이다. 돈 관계가 깔끔해지면서 나나 협력업체나 이전보다 발전적인 관계를 맺어갈 수 있고 이게 우리나라 산업 발전에도 분명 좋은 영향을 끼친다고 생각하고 있다. 우리 회사는 몇 년을 다녀도 누구한 명 돈 받으러 오는 일이 없다. 대기업도 이런 결제 조건은 없다.

글로벌 기준에 맞춰라

무슨 사업을 하든지 이제는 세계시장을 겨냥해야 한다. 우리 시장은 모든 분야에서 포화상태나 마찬가지이기 때문이다. 반면에 세계시장은 여전히 넓다. 세계시장을 겨냥한다고 해서 무턱대고 처음부터 외국으로 수출하라는 이야기가 아니다. 우리 제품을 글로벌 기준에 맞게 세팅해놓고 기회를 기다리라는 뜻이다.

　세계적인 명품 구두의 글로벌 기준은 '최고의 재료'이다. 재료가 우선이고 그 위에 디자인과 기술이 얹어졌다. 우리가 '최고의 재료'를 얻기 위해 많은 노력을 기울인 것도 이 때문이다.

　최고의 재료를 선점한 덕분에 많은 것을 얻었다. 어디에 내놓아도 당당하다는 자신이 생겼고 세계시장 석권을 목표로 삼게 됐다.

계속 성장할 가능성을 가질 수 있다는 것. 이건 모두 글로벌 세팅이 가져다준 결과물이었다.

해마다 봄이 되면 / 어린 시절 그분의 말씀 / 항상 봄처럼 부지런해라 /
땅속에서, 땅 위에서 / 공중에서 / 생명을 만드는 쉼 없는 작업 /
지금 내가 어린 벗에게 다시 하는 말이 / 항상 봄처럼 부지런해라

— 조병화, 시 「해마다 봄이 되면」 중에서

새로워지고 또 새로워져라

사람들은 내가 협력업체 결제를 깔끔하게 하고 사회에 기부를 많이 하니까 돈을 엄청나게 많이 버는 줄 안다. 솔직히 말하면 돈 빌리러 은행에 가지 않게 된 게 불과 5년밖에 되지 않았다. 그 이전만 해도 돈 빌리러 툭 하면 은행에 갔다. 그래서 나는 스스로를 '돈 빌리는 기술자'라고 불렀다. 10년 사업하고 나니까 빚만 40억 원이었다.

지금도 부채는 그 정도다. 하지만 이제는 빚이 무섭지 않다. 그 정도 빚은 언제든지 갚을 자신이 있다. 문제는 기술이다. 기술은 미래를 담보해주는 거의 유일한 무기이기 때문이다. 빚이 계속 늘어나는 상황에서도 더 나은 기술을 배워야 한다며 해외를 정신없

이 돌아다닌 것도 이 때문이다. 빚이 얼마가 쌓이든 기술만 있다면 나중에 얼마든지 보상받을 수 있다.

매일 아침 새로운 하루를 맞이하라

품질에서는 '만족'이 있을 수 없다. 혹시 어느 구두 업체 대표가 자기 제품 품질에 '만족'하고 있다면 그 회사는 분명 얼마 지나지 않아 문을 닫을 것이다. 잘나가고 좋은 평가를 받을 때 더 긴장하고 더 나은 제품을 만들기 위해 노력을 기울여야 살아남을 수 있다.

우리가 현재 한국의 콤포트 슈즈 시장을 장악하고 있지만 영원한 것은 아니다. 지금 이 순간에도 많은 경쟁자들이 우리를 벤치마킹하고 우리보다 더 좋은 구두를 만들려고 밤낮없이 노력하고 있다. 그들의 추격을 뿌리치고 새로운 시장을 창출하기 위해서는 더 정밀하고 더 완벽하게 만들어야 한다. 공정을 더 세분화하고 작은 부품 하나하나마다 최상의 결과물이 나와야 한다.

내가 구두 기술자를 그만둔 지도 벌써 20년이 넘었다. 하지만 지금도 완성품이 나오면 직접 구두 굽, 창, 안감, 실까지 분리해서 모든 게 최고의 상태인지 확인한다. 나에게서 합격점이 나와야 시장에 나갈 수 있다. 내 눈은 속일 수 없다. 내가 구두 경영에서 자신 있는 것은 바로 이 때문이다.

대한민국에 구두 회사가 여러 곳 있지만 경영자들은 대부분 전문경영인이거나 창업주 2세들이다. 나처럼 젊고 열정적인 현장형

CEO는 없다. 앞으로 적어도 15년은 계속해서 지금보다 좋은 구두를 생산할 수 있다고 자신하는 것도 이 때문이다.

구두 제작 과정에는 수작업이 많다. 기술자들을 비롯해 구두를 손으로 만지는 인력들의 기술 수준을 높게 유지하는 게 품질 관리의 핵심이다. 이게 가능하려면 직원들의 생각을 항상 깨어 있게 만들어야 한다. 구두 기술자들은 늘 별개의 작품을 만들지만 그 공정은 거의 비슷하다. 같은 작업을 반복하다 보면 손에는 익을지 몰라도 정신력은 떨어질 수밖에 없다.

매일 아침 한 글자 한 글자 각오를 문자로 찍어라

사람의 마음은 똑같다. 하루에도 수십 켤레의 구두를 만지는데 어떻게 늘 새로울 수 있겠는가? 마음을 계속 일신할 수 있게 하기 위해서는 특별한 방법이 필요하다. 나는 아침마다 모든 직원들로부터 문자를 받는다.

"세계 최고의 작품을 만들겠습니다."

"내 생에 다시 오지 않을 2013년 5월 1일, 후회하지 않게 멋지게 쓰겠습니다."

아침 일찍 출근해 회사를 둘러볼 때면 이런 문자가 수도 없이 들어온다. 나도 모르게 힘이 생긴다.

아침에 한 번 문자를 보내는 일은 별것 아닐 수도 있다. 하루 이틀도 아니고 보내는 입장이나 확인하는 입장이나 번거로울 수도 있다. 하지만 매일 아침 각오 다지는 문구를 한 번씩 보느냐 아니냐가 가져오는 차이는 크다.

오늘이 어제와 다른 특별한 하루라는 인식은 업무에 좋은 영향을 끼쳤다. 그 결과는 업무 집중도에서 나타났다. 같은 시간 대비 완성품 수가 20퍼센트 이상 증가한 반면 불량률은 20퍼센트 가까이 떨어졌다.

기술경쟁력은 기술자들의 손으로부터 담보 받는다. 기술자의 손은 기술자의 마음에 의해 움직인다. 기술자들의 마음이 무겁거나 지겨움 속에 파묻혀 있다면 기술은 절대 향상되지 않는다. 회사의 미래가 어두워진다는 이야기와 다르지 않다. 기술자의 마음을 움직여 늘 새로움 속에 있게 만드는 것. 기술 향상은 여기서부터 출발하는 것이다.

얼마 전부터는 영업점 직원들도 나에게 문자를 보내기 시작했다. 문자의 효과는 영업점에서 더 빠르게 나타난다. 새롭게 문을 연 영업점이나 뭔가 부족한 점포들도 이 문자를 매일 6개월만 보내면 거짓말처럼 잘 돌아간다. 매일 아침 한 글자 한 글자 업무와 싸우는 각오를 문자로 찍으면 생각이 조금씩이라도 변할 수밖에 없다.

사장에게 어떤 각오로 일을 하겠다는 것을 문자로 보내게 하는 데는 나름의 이유들이 있다. 적어도 사장이 직원들 붙잡고 이렇게 해라 저렇게 해라 백날 이야기하는 것보다는 훨씬 효과적이다. 조직에서 중요한 것은 리더의 외침이 아니라 구성원 개인의 생각이다. 그들의 마음이 불타오르고 있다면 회사는 저절로 굴러간다. 반대 경우는 이야기할 필요도 없다. 업무에 만성이 된 직원들 마음에 불을 지피는 방법이 뭐가 있을까? 정말 힘든 일이고 방법도 많지 않다. 그렇게 생각해보면 문자만 한 것도 없다.

매년 20퍼센트 이상 매출이 증가하는 우리 회사에게 이제 국내 시장이 좁다. 이미 한계에 와 있는지도 모른다. 이처럼 해외진출은 이제 숙명적인 일이 됐다. 세계시장 석권 계획은 벌써 세워놓았다.

2010년부터 우리는 세계 명품 구두의 심장이라고 할 수 있는 이탈리아에 수출하기 시작했다. 그리고 2011년 바이네르 상표권 인수와 함께 15년 안에 세계 최고의 명품 구두 회사로 성장시키겠다는 목표를 세웠다. 주변에서는 20년을 이야기했지만 내가 5년 줄였다. 그만큼 자신이 있기 때문이다. 해외시장 석권까지 단계적으로 움직일 것이다.

최고의 무대에서 경쟁하라

우리는 앞으로 이탈리아 현지에 생산 시스템을 만들 예정이다. 현지 공장은 이탈리아 패션 1번지라고 할 수 있는 밀라노에 세울 예정이다. 한국 구두를 이탈리아 기술자들이 만드는 일은 사상 처음 있는 일이다. 구두를 시작으로 앞으로 가방과 지갑, 벨트까지 생산해 액세서리 전 품목을 갖출 계획이다. 한국 브랜드를 이탈리아 기술자들이 만든다? 전세의 역전. 나의 오랜 꿈이 이뤄지는 셈이다.

'이탈리아 진출' '세계시장 석권'

이런 이야기를 하면 놀라는 사람들이 많다.

'그게 가능하기나 한 일인가?'

이렇게 생각하는 것이다. 아직까지 우리나라가 구두 잡화 분야에서 명품 브랜드를 배출하지 못했으니 그런 생각을 하는 것도 무리는 아니다. 하지만 이것 역시 선입견에 불과하다.

이탈리아라고 무조건 구두를 잘 만들고 우리라고 뒤처진다는 생각은 맞지 않다. 우리의 기술도 많이 올라왔다. 서로 다른 장단점을 가지고 있다고 보면 맞을 것이다. 자랑할 일은 아니지만 '짝퉁'을 '진짜'처럼 만드는 우리의 손기술은 이미 세계적인 수준이다. 콤포트 슈즈 분야는 오히려 우리가 이탈리아보다 앞서 있다.

'명품' 강박에 빠져 있는 이탈리아는 예나 지금이나 맵시를 중요시한다. 디자인 능력은 뛰어나지만 기술적인 면에서는 차이가 없다. 디자인을 강화하고 편안함을 강조한다면 충분히 승산이 있는 게임이다.

'최고의 무대에서 경쟁하고 싶다.'

명품의 나라 이탈리아를 안토니가 진출할 첫 번째 시장으로 잡은 것은 '최고의 무대에서 경쟁하고 싶다'는 나의 의지가 반영된 결정이었다. 우리 구두를 드라마에 등장시키고 한류가 득세하고 있는 중국이나 베트남 등지에 수출하는 것도 방법이 될 수 있겠지만 어쩐지 싫었다. 꼭 우리 브랜드가 '일류는 아니다'라고 스스로 포기하는 것처럼 여겨졌다. 어차피 품질에 자신 있고 기술 혁신을 계속 이뤄나갈 것이라면 최고의 무대에서 경쟁해도 승산이 있겠다고 생각했다. 디자인 중심의 이탈리아에서 편안함 중심의 안토니가 새로운 트렌드를 만들어낼 것이다.

미래에 투자하라

주변에는 해외진출을 걱정스럽게 바라보는 사람들도 있다. 한국시장에서 회사를 안정적으로 경영할 수 있는데 굳이 왜 모험을 시작하느냐는 것이다. 걱정은 고맙다. 하지만 그건 패션 비즈니스를 몰라서 하는 소리다. 패션 비즈니스의 꽃은 자체 브랜드를 갖는 것이고, 그 브랜드를 가능한 큰 시장에 내놓고 싶은 마음이 자연스럽게 생긴다. 또 시장으로부터 많은 칭찬을 받을수록 품질 혁신에 대한 열정이 더 생긴다. 선순환 구조에 들어가게 되는 것이다. 지금 안토니가 그런 시기에 있다.

우리가 명품 구두 시장 석권을 목표로 삼는 데는 그만한 이유가 있다. 우리가 만들고 있는 바이네르와 안토니 구두는 전문가들로부터 기능이나 디자인 두 분야의 완성도가 모두 높다는 평가를 받고 있다. 콤포트 슈즈 시장, 특히 여화 제작 기술은 우리가 '세계 1등'인 것이다. 디자인과 완성도 두 가지가 바로 명품의 조건이다. 그중에서도 우리는 기술 비중이 조금 더 높은 명품 구두를 만들 것이다.

세계적인 추세도 우리의 해외진출을 끌어주고 있다. 세계 구두 판도는 콤포트 슈즈 시장 중심으로 확장되고 있다. 디자인 중심 구두 시장은 오랫동안 정체 상태다. 사람들의 활동이 많아지면서 편안한 구두를 찾는 사람들도 늘어난 것이다. 안토니 정도 품질이라면 시장은 얼마든지 넓힐 수 있다.

더군다나 우리는 지금보다 미래가 더 밝다. 연구진이 더욱 두터워지고 있고 기술적인 노하우는 더 이상 경쟁자가 없을 정도로 많이 쌓였다. 우리 회사 기술을 배우려고 해외에서 많이 찾아온다. 이제 해외에 널리 알리는 일만 남았다.

나는 기회가 생길 때마다 직원들에게 이야기한다.

"세계시장 점령은 시간문제다!"

성공의 비결은 목적의 불변에 있다. 하나의 목표를 가지고 꾸준히 나아간다면 성공한다.
사람들이 성공하지 못하는 것은 처음부터 끝까지 한길로 나가지 않았기 때문이다.
최선을 다해서 나아간다면 만물을 굴복시킬 수 있다.
— 벤자민 디즈레일리, 영국 정치가

간절히 바라면 이루어진다

2011년 9월 20일은 우리에게 역사적인 날이다. 매년 고가의 로열
티를 물리고 수만 족의 원산지 쿼터 의무를 요구하던 바이네르의
상표권이 공식적으로 우리 브랜드가 된 날이기 때문이다. 전세 역
전이다. 이제 바이네르 상표를 쓰고 싶으면 우리에게 돈을 내야
한다.

우리가 획득한 바이네르의 라이선스는 유럽을 제외한 모든 지역
에서 권리를 갖는 것이었다. 대한민국뿐만 아니라 중국이나 일본
등 아시아, 호주, 미국, 중남미, 아프리카에서 팔리는 모든 바이네
르에 대한 권리를 갖게 된 것이다.

바이네르는 이제 우리 브랜드

한 때 바이네르를 포기하려고도 했었다. 한국에서 꽃을 피웠지만 그들은 한국 시장을 계속 이용하려고만 했다. 로열티를 매년 올렸고, 수입 쿼터를 연간 5만 족까지 요구했다. 코디바 사의 요구로 회사가 굉장히 힘들어질 때도 있었다.

횡포가 너무 심해서 울고 싶을 때가 한두 번이 아니었다. 브랜드가 없어서 당하는 제조업체의 설움은 경험해보지 못한 사람은 알지 못한다. 열심히 마케팅을 해서 팔아놓으면 상당 금액이 다른 사람 주머니로 돌아가는 구조이다. 그래서 바이네르는 버리고 모든 제품을 안토니 이름으로 팔까 하는 생각도 했었다.

바이네르의 본사인 이탈리아 코디바는 1990년대까지만 하더라도 세계에서 구두를 가장 많이 만드는 회사였다. 손으로 만드는 분량만 하루 1만 2천 켤레에 이를 때도 있었다. 그 덕에 코디바 사의 창업주는 이탈리아 국가훈장을 받기도 했다. 그 코디바 사의 대표 브랜드가 바로 창업주의 이름을 딴 '바이네르'였다.

그러다 보니 1994년 내가 처음 바이네르를 수입할 때는 (주)원길의 인지도가 워낙 낮아서 사정하다시피 해서 가지고 왔다. 그렇게 몇천 족으로 시작한 수입물량은 1년 만에 몇만 족으로 늘어났다. 내가 워낙 팔아치우는 데에 일가견이 있었고, 그 무렵이 우리나라 콤포트 구두 시장이 확장되던 때여서 타이밍이 좋았다. 그리고 2000년대 초까지 수입 물량은 계속 늘어났고, 우리가 그들의 최고 고객이 되었다.

이때까지만 해도 우리와 코디바 사의 관계는 아주 좋았다. 관계를 인간적으로 맺을 줄 알았던 바이네르 회장은 내가 힘든 시기에는 로열티를 받지 않고 한국에서 물건을 생산하도록 배려를 해주기도 했다.

이런 코디바 사와 관계가 안 좋아진 것은 2002년 바이네르 회장이 사망하면서부터이다. 아들 제노가 회장이 되면서 허스번이라는 전문 CEO를 사장 자리에 앉혔는데, 그 허스번이 구둣값과 로열티, 쿼터량을 제조업체가 견디기 어려운 수준까지 올렸다. 그때부터 바이네르가 우리에게 불편한 파트너가 되었다. 많이 팔리면 팔릴수록 문제였다.

담판을 지어라

이탈리아 출장에서 바이네르 창업주의 아들 제노와 단둘만의 시간을 갖게 되었다. 눈치 볼 사람들이 사라지자 나는 단도직입적으로 질문을 던졌다.

"나는 당신 회사의 최고 고객인데 왜 나를 이렇게 괴롭게 만들어요? 너무 힘들어요."

그러자 제노가 충분히 이해한다는 듯 고개를 끄덕였다.

"이해해요. 내 의지가 아니라 지금 경영을 맡고 있는 허스번 사장의 지시에요. 그는 그냥 사장이 아니라 자금을 투자하고 들어온 사장이에요. 입김이 셉니다. 나도 어쩔 수 없어요."

사실 그 말에 더 화가 났다. 도대체 허스번이 얼마를 투자했길래

회장이 그렇게 절절매는지 이해할 수가 없었다. 그래서 물었다.

"도대체 얼마나 투자받은 건가요?"

"300만 유로 정도예요."

"그게 코디바 사에게 큰돈인가요? 이해하기 어렵군요. 그리고 실제로 그렇게 힘들었으면 나에게 이야기하지 그랬어요?"

"김 사장님에게요? 아! 정말 그럴 걸 그랬네요. 처음에 허스번이라는 사람을 잘 모르고 손을 잡았어요. 실은 한국 말고도 다른 나라 협력업체들로부터도 컴플레인이 많아요."

"한국도 허스번의 요구를 계속 받아줄 수가 없어요. 그 정도 금액이라면 내가 도와줄 수도 있어요. 나는 상표권만 가져오면 됩니다."

이야기를 나누고 얼마 지나지 않아서 제노에게서 연락이 왔다. 바이네르 상표권을 나에게 넘기겠다고 말했다.

그렇게 2011년 8월에 홍콩에서 제노와 실무 미팅을 하고, 나는 바이네르 상표권의 60%를 샀다. 유럽과 아프리카를 제외한 나머지 대륙의 상표권이었다.

생각을 뒤집어라

바이네르가 우리 상표가 되면서 회사 경영도 깔끔하게 정리되었다. 비로소 내 상표로 내 사업을 한다는 생각이 들었다. 쿼터라는 굴레 벗어났고, 로열티 부담도 사라졌으며 유럽과 아프리카 제외한 아시아 호주 남미 북미 등 세계시장이 우리 손에 들어왔다. 칼

날을 막고 있었던 내 손에 칼자루가 쥐어진 셈이다.

할 일은 많았다. 바이네르의 브랜드 가치를 끌어올려야 하고, 나라마다 매장을 만들고 시장을 개척해야 하며, 가방과 벨트 등 다른 품목도 만들어내야 한다.

물론 전성기였던 80~90년대에 비해 바이네르의 명성이 많이 떨어진 것은 사실이다. 그러나 편안하고 세련된 이미지와 이탈리아 브랜드 중에 가장 대중적이라는 사실은 여전하다. 우리가 글로벌 마케팅을 어떻게 해나가느냐에 따라 결과는 달라질 수 있다.

브랜드 가치를 높이는 것은 시간이 오래 걸리는 작업이다. 서두른다고 되는 일도 아니고, 노력만으로 해결될 일도 아니다. 3~5년 안에 결실을 보려고 덤볐던 브랜드 중에 힘 한 번 써보지 않고 퇴장한 브랜드가 수없이 많다. 패션분야에서 글로벌 브랜딩은 엄청난 시간이 필요하다. 세계시장에서 바이네르의 안정적인 정착을 위해서 15년 계획을 잡고 차근차근 진행중이다.

우리는 우선 바이네르 브랜드를 널리 알리기 위해 각국에 매장을 선보일 계획이다. 2013년 현재 중국 최대 고급백화점 '신광천지'와 입점을 이야기 중에 있고, 그 일이 성사되면 호주 시드니 매장 오픈도 속도를 낼 예정이다. 미국도 현지 전문가들과 일정을 조율하고 있다.

외국에 매장을 열 때는 현지 사정에 밝은 전문가와 다양한 협의를 거치고 치밀한 준비를 한 후 진행해야 실패가 없다. 우리 브랜드를 적극적으로 알릴 수 있는 마케팅 전문가와 상품을 원활하게 공급할 수 있는 유통 체계를 함께 갖추어야 한다. 현재 중국과 호주는 그 단계를 마친 상태고, 미국은 절반 정도 진행돼 있다. 수년 안에 이 세 나라를 중심으로 바이네르를 성공적으로 정착시킬 것이다.

처음 성공에 머물지 말라

기업을 하면서 가장 경계해야 하는 것은 만족하고 머무르려는 마음이다. 사람은 누구나 불편한 것은 피하고 편하게 지내려는 마음이 있다. 그래서 회사를 경영해서 어느 정도 궤도에 오르면 더는 변화를 시도하지 않고 편안하게 지내고 싶어질 수도 있다. 그러나 세상은 머물러 있는 기업에 절대 기회를 주지 않는다. 머물러 있으려고 생각하는 순간 퇴보하기 시작한다고 생각하면 틀리지 않는다. 왜냐하면, 우리가 머물러 있는 동안 세상은 부단히 앞으로 나아가고 있기 때문이다.

우리는 자타가 인정하는 국내 최고의 구두 제조회사이지만 단한 번도 머물러 있었던 적이 없었다. 늘 새로운 디자인과 소재 개발에 목숨을 걸었고, 벨트나 가방 등 새로운 패션 분야를 개척하기 위해 부단히 노력해 왔다.

시장 개척 노력도 게을리하지 않았다. 거의 모든 산업이 그렇겠지만 정체된 매출 한계를 극복하는 일은 시장 확대밖에 없다. 우리 회사의 성장은 국내에 편중된 우리의 판매 시장을 외국으로 넓히는 일부터 시작해야 한다. 구두는 아무리 좋아도 인구당 소비하는 물량에 한계가 있는 물품이다. 그래서 외국시장 개척만이 우리의 미래를 담보하는 일이다. 바이네르 인수는 그래서 가치 있는 일이다.

작심삼일形 vs 작심평생形

대부분의 사람들은 어떻게 하면 성공할지 알고 있다. 그러나 성공하는 사람은 많지 않다. 성공의 조건들을 머릿속에 꿰고 있지만 실천은 하지 않는다. 행동에 옮기지 않으면 아무것도 이룰 수 없다.

나는 전형적인 실천형 인간이다. 머릿속에서 답이 나오면 시간이 아무리 걸리더라도 멈추지 않고 계속 걸어간다. 주변을 봐도 나같은 사람은 드물다. 대부분 무엇인가 작심을 하면 그저 며칠 동안만 실천할 뿐이다. 그래서 나는 스스로를 '작심삼일형' 인간이 아니라 '작심평생형' 인간이라고 표현한다.

사실 내가 중견기업 사장이 된 것도 실천의 결과이다. 나는 구두를 처음 만들 때부터 대한민국에서 가장 큰 구두 회사 사장이 되겠다고 생각했고, 사장이 되기 위해 부단히 노력해 왔다. 그래서 그 꿈을 이루었고, 지금은 세계에서 가장 큰 구두 회사 사장이 되겠다는 꿈을 꾸고 있다. 이것도 반드시 이루어낼 것이다.

예전에 함께 구두를 만들던 기술자들은 여전히 구두를 만들고 있지만, 나는 사장으로 살아가고 있다. 이게 작심평생형 인간으로 살아간 것에 대한 보상이다.

작심평생형 인간은 늘 변화하고 발전할 수 있다. 왜냐하면 원대한 목표를 향해 매일매일 노력하기 때문이다. 예전에는 나에게 '족쟁이'라고 말하는 친구들이 많았다. 구두 만드는 일을 천하게 본 것이다. 학창시절에 공부 좀 하는 친구들이었다. "아직도 족쟁이냐?" 이 소리를 들으면 자존심 무척 상했다. 그 소리 때문에 자다가도 벌떡 일어나서 일했고, 반드시 성공적인 경영자가 되겠다는 꿈을 꾸었다.

이제 내 나이는 50대 중반이다. 그때 나를 족쟁이라고 놀리던 내 또래 친구 중에 아직도 회사에 다니는 친구는 거의 없다. 대부분 퇴직금으로 장사를 하고 있다. 그렇게 성공적인 삶으로 보이지 않는다. 내가 그들보다 훨씬 잘나간다.

'음지가 양지 되고, 양지가 음지 된다'는 말이 있다. 전혀 불가능한 일도 목표를 정하고 한 발 한 발 걸어가다 보면 이루어낼 수 있다. 나는 그걸 실천해낸 작심평생형 인간이다.

"저는 축복을 위해서 일합니다."
데이비드는 커피숍에서 자신이 하는 일을 선물을 줄 수 있는 기회라고 생각했다.
스스로 기여할 수 있는 감정노동을 했다. 그가 받은 보상은 손님들이 전하는 축복이었다.
손님들과 하나하나 교감하는 것이 그의 예술이었다.
손님들의 기분을 바꿔주고 하루를 기분 좋게 만들어줄 수 있는 기회였다.

— 세스 고딘, 「린치핀」 중에서

축복을 위해 일하라

나는 가끔씩 불시에 우리 매장을 방문한다. 그렇게 매장에 들어가면 매니저들이 '아, 또 왔어?' 이런 표정으로 바라본다. 그들에게 나는 불청객인 것이다. 그도 그럴 것이 나는 매장에 나가면 직원들의 복장, 두발, 표정, 매장의 청결도 등을 꼼꼼하게 체크한다. 복장이 불량하거나 머리가 길거나 그럴 리 없겠지만 담배를 피운 흔적 등이 발견되면 그 자리에서 벌금을 물린다. 물론 내가 하도 찾아다닌 탓인지 요즘에는 적발이 쉽지 않다.

플러스를 이기는 마이너스 전략

전국에 있는 60여 개 안토니 매장 중 4곳만 대리점이고 나머지는 모두 본사 직영 매장이다. 판매 사장만 사업자다. 그러다 보니 거의 모든 매장을 본사에서 관리한다. 말하자면 안토니 바이네르 매장 직원들은 대부분 본사 직원들인 셈이다. 이처럼 직영 체제를 고수하고 대리점 허가를 극도로 아끼는 이유는 제품과 마찬가지로 서비스 품질도 최고로 유지하기 위해서다.

일반적으로 대리점을 원하는 사람들은 대부분 '잠깐 동안 많은 돈'을 버는 게 목적이다. 브랜드에 대한 애정은 많지 않다. 그러다 보니 혹시 매출이 좋지 않으면 이내 포기하고 다른 브랜드를 찾는다. 대리점제를 보편화시키면 수익에는 도움이 될지 몰라도 고객 신뢰도는 떨어질 수밖에 없다. 매장이 이런 식으로 운영되면 기업의 장기적인 계획도 차질을 빚을 수 있다.

반대로 직영점은 '오직 판매'만 생각하지 않아도 된다. 마이너스 수익이 나더라도 필요하다면 매장을 계속 끌고 갈 수 있다. 매장이 돈 버는 역할만 하는 곳이 아니기 때문이다. 모든 매장은 매출과 상관없이 어느 정도 홍보 역할을 하고 있다.

'이 회사는 여기에도 매장이 있네.'

소비자에게 이런 느낌을 주는 것은 패션 비즈니스에서 굉장히 중요하다. 안토니 60개 매장은 기업 가치를 높이는 역할도 분명히 하는 것이다. 그래서 직영 매장에서 나는 마이너스 매출은 마치 모기업의 홍보 금액이 잠재적으로 포함된 프로야구 구단의 적자처럼 단순히 숫자로 판단할 수 없다. 안토니는 매장 직영제를 구두 업계에서 제일 먼저 시작했고 이 전략이 매출을 꾸준히 성장시키는 데 큰 역할을 했다.

아무리 많은 돈을 들고 와도 대리점을 주지 않는 것은 앞서 이야기했듯이 서비스 관리와 지속성을 담보할 수 없기 때문이다. 바꿔 말하면 안토니 바이네르에 대한 애정이 확실하고 돈보다 기업 가치를 함께 고민할 수 있는 사람이라면 얼마든지 대리점을 허가할 수 있다. 대리점을 달라고 찾아오는 사람 중에 그런 사람은 거의 없다는 게 아쉬울 뿐이다.

돈을 벌든 이름을 날리든 성공을 하기 위해서는 자기 직업, 자신이 속한 브랜드에 자부심을 가지고 있어야 한다. 그런 것 없이 성공한 사람을 본 적이 없다. 그러니 '돈 좀 벌어보고 싶어서 왔습니다'라는 생각이 얼굴에 가득한 사람에게 대리점을 내줄 수가 없다.

기업도 마찬가지다. 우리나라 기업인 중에는 돈만 보고 달려가는 사람들이 많다. 처음에는 순전히 돈 때문에 사업을 시작하진 않았겠지만 나중에는 대부분 돈을 목적으로 한다. 이런 사람들은 마치 주식을 사고팔듯이 자기 회사도 툭툭 시장에 잘도 내놓는다. 원하는 가격에 사려는 사람이 나타나면 팔고 나가고 안 팔리면 계속 기다리겠다는 뜻이다. 그 밑에서 일하고 있는 직원들이 안쓰러울 뿐이다. 기업 M&A는 조용히 진행되는 경우가 많아서 계약이 체결될 때까지도 직원들 대부분은 모른다. 자기 회사에 대한 애정이 그 정도니 그 안에 있는 직원들에게 관심을 쏟을 리 만무하다.

돈은 무섭다. 누구든 돈만 보고 좇다가는 돈의 노예가 된다. 그래서 경영을 제대로 하려면 반드시 기업 가치를 앞에 두어야 한다.

기업 가치는 돈만 있다고 만들어지는 것은 아니다. 당장 손해를 보더라도 미래를 보고 투자하고 힘들어도 인내하는 과정에서 창출된다. 입에 달다고 삼키고 쓰다고 뱉는 식으로는 만들 수 없다. 돈이 목적이 돼선 안 된다.

장인정신으로 승부하라

어떤 의미에서 보면 전 매장 직영제는 모험이다. 매장 매출이 본사 경영에 직접적인 영향을 줄 수 있기 때문이다. 시장이 좋을 때야 매장 수익이 고스란히 본사 수익이 돼서 그 위력이 배가 되겠지만 신상품 한 번 잘못 만들면 기업이 흔들릴 수 있다. 그래서 일정 비율은 대리점에게 맡기는 게 실리적이라는 의견이 더 현명한 판단이 될 수 있다. 하지만 나는 그렇게 하지 않았다. 정도를 걷고 싶었기 때문이다.

전 매장 직영제는 일종의 자신감이고 매너리즘에 빠지지 않으려는 몸부림이다. 가끔 내가 걷고 있는 길이 누군가 만들어놓은 팽팽한 외줄 같다는 생각이 들 때가 있다. 바람이 조금이라도 불면 휘청거리는 위험한 외줄. 하지만 가장 정확한 목적지를 향해 걸쳐져 있는 외줄. 이 줄타기에 성공해야 경영도 성공할 수 있다고 생각한다.

당연한 귀결이 되겠지만 나는 신상품 개발에 모든 걸 건다. 경쟁업체에 비해 단 하나라도 뒤지는 부분이 발견되면 재개발을 요구한다. 피 말리는 싸움이다. 기술 이외의 능력도 필요하다. 품질은 완벽해도 트렌드에 밀리면 치명적인 결과를 낳을 수 있다. 이게 늘 긴장해야 하는 이유다.

우리의 신제품 개발 프로세스는 조금 복잡하다. 우선, 개발 용역을 의뢰한 이탈리아 현지 디자이너 두 명 루까 곱비Luca Gobbi와 루치아노 루치올리Luciano Luccioli로부터 봄과 가을 시즌에 신규 디자인을 제공받는다. 이 두 사람은 이탈리아에서도 대표적인 구두 디자이너들로 세계적인 트렌드를 주도한다. 그들이 만든 디자인이 바로 제품이 되는 것은 아니다. 이 두 사람으로부터 받은 디자인 중에 우리나라 트렌드에 맞는 것을 선별하고 그것을 조금 더 한국식으로 바꾼다. 그렇게 디자인이 정해지면 개발실에서 실제 제품으로 구현한다. 그때 우리만의 신소재를 가미해 경쟁력을 확보한다. 이것이 우리가 신제품을 만드는 메커니즘이다.

여기서 중요한 것은 '신소재'이다. 편안함을 추구하는 콤포트 슈즈 시장에 신상품을 출시할 때 디자인만큼 중요한 게 바로 신소재다. 아무래도 기술적인 완성도를 높이는 데 신소재가 많은 역할을 하기 때문이다. 또 신소재를 포함해서 첨단기술을 얼마나 활용했는지가 신상품의 마케팅 포인트가 될 때가 많다. 소비자 입장에서도 단순히 '세상에서 가장 편안한 구두가 나왔습니다'보다는 '새롭게 개발한 신소재를 사용해 발의 피로를 20퍼센트 줄였습니다'라고 설명하는 제품이 눈에 더 띄는 것이다.

우리는 신소재 개발에 많은 노력을 기울인다. 우리만의 특별한 노하우가 가미된 제품들이 시장에서도 좋은 결과를 내고 있다.

사소한 비판도 겸허히 받아들여라

언젠가 한 고객이 소공동 롯데백화점 매장에 찾아와 불만사항을 심하게 어필했다. 그 고객은 본사에도 컴플레인을 걸어왔다. 매장에 확인해 보았더니 '별문제 아니다. 원래 컴플레인이 심한 고객이다'라는 의견만 돌아왔다. 별문제 아니려니 싶었는데 '사장을 만나기 전에는 돌아가지 않겠다' 작정하고 컴플레인을 걸어오는 바람에 본사 이사가 현장으로 출동해 이야기를 들었다. 현장에서 들은 이야기는 매장의 보고와 고객의 주장이 많이 달랐다.

"이 매장에서 구입한 구두에 이상이 있어서 수선을 맡겼는데 처리 기간이 너무 길었고 그나마도 잘못 나왔다. 그래서 다시 수선을 맡겼는데 이번에는 시간이 더 오래 걸렸다."

고객의 주장이었다. 확인해보니 사실이었다. 우리도 미처 알지 못했던 우리 회사의 잘못이었다. 이 일을 처리하다 보니 한 가지 의문이 들었다. 그 정도 요구사항이라면 매장에서 해결할 수도 있었을 텐데 왜 본사 임원과 만남을 원했을까? 그 고객은 이렇게 말했다.

"나는 안토니 바이네르 구두를 정말 좋아합니다. 내가 특별한 보상을 받기 위해서가 아니라 회사의 시스템이 개선되길 바라는 마음으로 연락했습니다."

그는 오래된 우리 고객이었다. 애정 어린 지적이었던 셈이다. 고마운 마음에 과일과 생선을 준비해서 그 고객에게 선물로 보냈다. 그 사건 이후 수선 기간을 절반으로 줄였다.

고객의 불만사항은 늘 존재할 수밖에 없다. 불만을 위한 불만이 아니라면 대부분 회사에 도움이 될 만한 내용이고 고객들도 애정이 담긴 목소리를 낼 때가 많다. 서비스는 고객의 목소리에 귀 기울이는 것부터 시작해야 한다.

이 사건 이후 깨달은 게 많다. 고객 의견 창구를 따로 개설하고 영업 일선에서 가져온 고객의 소리를 정리해서 따로 보고받는 시스템도 만들었다. 한 달에 두 번씩 고객의 의견을 정리해서 직접 확인한다. 그 안에는 우리가 미처 몰랐던 우리의 허점들이 많이 들어 있다. 고객의 눈은 정확하다.

나중에 소공동 롯데백화점 매장 관리자들이 '생각이 짧았다'고 본사에 와서 고백했다. 우리의 눈을 뜨게 해준 그 고객은 지금도 우리의 가장 큰 고객 중 한 명이다. 매장 일은 고되다. 어느 손님 하나 까다롭지 않은 손님이 없다. 그 비위 다 맞춰주어야 하고 그 안에서 고객의 성향도 파악해야 한다. 몇 번이고 같은 물건을 들었다 놨다 하고는 그냥 돌아가는 손님도 많다. 매장 매니저들도 사람인지라 그런 손님들을 대하고 나면 힘이 빠진다. 어느 날은 하루 종일 헛고생만 하기도 한다. 힘들지만 그 시간도 즐겨야 한다. 영업이 안 되면 이유를 찾아야 한다. 매출이 없다면 그것 역시 고객이 우리에게 무엇인가 가르치고 있는 것이기 때문이다. 항상 고객이 정답이다. 이 사실을 명심해야 한다.

즐겁지 않다면
일할 필요가 없다

나는 놀면서 일 생각하고 일이 끝날 무렵부터 어떻게 놀면 재미있을까를 고민한다. 말하자면 일하면서 놀 궁리하고 놀면서 일할 궁리하는 것이다. 이렇게 살면 참 좋다. 항상 좋은 컨디션에서 일을 할 수 있는 여건이 마련된다. 결과가 좋을 수밖에 없다. 이것 역시 어떻게 하면 일의 효율성을 높일 수 있을지를 고민하다가 만든 방법이다.

불타는 열정 한 걸음 한 걸음이 모여
꿈을 이룬다

일단 내가 어떤 일을 하겠다고 작정하면 나는 재봉사의 바늘처럼 된다.
그리고 그 일을 끝까지 완수한다.
― 벤 존슨, 영국의 희곡작가

즐겁고 재미있게

"저요? 시간 남아돌아요."

주변 사람들은 내가 벌여놓은 일을 보고 많이 놀란다. 그 많은 회사 업무를 다 감당하면서 각종 행사나 강연에 빠지지 않고 참석하고 한 달에 몇 번씩 해외출장을 다닐 수 있느냐는 것이다. 내가 고향 동창회 회장이라는 것은 알지도 못한다. 첫 문장은 그런 소리를 들을 때 내가 하는 대답이다.

비결은 간단하다. 시간을 잘 활용한다. 방법은 '계획 세우기'이다. 시작이 반이라는 속담은 아무리 생각해도 기가 막힌 표현이다. 계획과 준비를 잘하고 나면 일은 저절로 진행된다.

계획을 세우고 놀아라

나의 하루 스케줄은 보통 이렇다. 밤 10시면 잠이 들고 새벽 5시면 눈을 뜬다. 아침에 씻고 식사하면서 그날 해야 할 일을 머릿속으로 정리한다. 회사에 출근하는 8시 무렵에는 이미 하루 스케줄이 다 정리돼 있다. 그 덕에 회사 업무를 처리하는 데는 몇 시간 걸리지 않는다. 오전에 주어진 서너 시간 동안 다섯 명이 이틀 동안 할 수 있는 일을 해치운다. 점심 이후에는 외부 스케줄을 소화하면서 다음 날 계획을 세운다.

바쁠 일이 없다. 일하는 게 그냥 즐거울 뿐이다. 보통은 나와 반대로 움직인다. 회사에 와서 그날 해야 할 업무를 정리하기 시작한다. 그러다 보면 한 시간이 훌쩍 지나간다. 그러다 불쑥불쑥 예상치 못한 일이 치고 들어오면 그 일 쳐내느라 정작 중요한 업무는 뒷전이다.

"내가 지시한 일 어떻게 됐어?"

이렇게 물으면 '급하게 생긴 일 처리하느라 아직 못했어요'란 답이 돌아온다. 나는 속으로 생각한다.

'이 친구는 오늘 야근을 해도 일이 끝나지 않겠군.'

그렇게 하루가 지쳐버리면 다음 날도 힘든 스케줄이 이어진다. 이건 도무지 생산적인 고민을 할 수 없는 스케줄이다. 왜 이렇게 일할까? 내가 오히려 그 사람에게 묻고 싶다.

놀면서 일 생각하는 게 정상이다

모든 사람들과 같은 생각을 해서는 특별해지기 어렵다. 애초에 다른 접근을 하면 이야기가 달라진다. 회사 일도 그렇다. 선배나 회사가 시키는 대로 일을 하면 똑같은 실수를 반복하게 된다. 새로운 아이디어가 나오지 않는다. 어떻게 자신을 부각시키고 어떻게 성공할 것인가? 기존의 방식으로는 답이 없다. 일의 효율성을 높일 방법, 최선의 결과가 나올 방법을 늘 고민해야 한다.

나는 놀면서 일 생각하고 일이 끝날 무렵부터 어떻게 놀면 재미있을까를 고민한다. 말하자면 일하면서 놀 궁리하고 놀면서 일할 궁리하는 것이다. 이렇게 살면 참 좋다. 항상 좋은 컨디션에서 일을 할 수 있는 여건이 마련된다. 결과가 좋을 수밖에 없다. 이것 역시 어떻게 하면 일의 효율성을 높일 수 있을지를 고민하다가 만든 방법이다. 혹자는 이렇게 말한다.

"놀 때는 확실히 놀아야지. 머리 아프게 일을 생각합니까?"

확신하건대 이렇게 말하는 사람들은 대부분 일에 치여 사는 사람들이다. 일을 손안에 놓고 사는 사람들은 노는 시간에 자연스럽게 일이 생각난다. 그때 떠오르는 일은 고통이 아니다. 일이 아주 재미있게 느껴진다. 이건 확실하다. 언제든 좋으니 한 번 놀면서 일을 생각해보라. 생산적인 아이디어가 많이 나올 것이다. 일 속에서 일을 찾는 게 오히려 고통일 뿐이다.

회사를 경영하는 사장 입장에서도 늘 일만 생각하는 사람이 예뻐 보이는 것은 아니다. 그런 직원들은 진심이 아니거나 업무 능력이 떨어지는 사람들이다. 흔하지는 않지만 함께 스키를 타러 갔는데 갑자기 좋은 아이디어가 생각났다며 회사 이야기를 하는 사람이 있다. 동료들에게 천덕꾸러기 신세가 될지언정 내 눈에는 그저 예뻐 보일 뿐이다. 그런 직원들은 대부분 회사 업무를 즐기는 사람들이다. 뿐만 아니라 현장에서 나오는 아이디어는 대부분 동적인 것이고 그래서 신선하다.

잘 노는 사람이 일도 잘한다

나는 업무에 관한 한 스트레스가 없다. 스트레스가 발생하지 않는 게 아니라 오기 전에 문제를 해결하거나 발생한 스트레스는 바로 풀어서 휴지통에 버려서 없다고 말하는 것이다. 간혹 아주 오랜 시간 해결되지 않는 문제들도 있지만 그건 내 것이 아니려니 마음을 비우고 잊어버린다.

혹자는 스트레스가 삶에 긴장을 주고 업무 에너지로 작용할 수 있으니 스트레스를 즐기라고 말하기도 한다. 하지만 나처럼 성질 급한 사람에게 어울리는 말은 아닌 것 같다. 스트레스가 많으면 일이 되지 않는다. 특히 업무가 과중하거나, 다른 사람의 업무를 떠맡게 되거나, 상사가 괴롭혀서 당하는 스트레스는 견디기 힘들다. 기분 나쁜 상태에다가 복잡한 생각으로 머릿속이 가득 차 있는데 어떻게 능률이 오르겠는가?

일은 늘 즐거움과 함께 가야 한다. 일이 스트레스가 되기 시작하면 시간에 쫓기게 되고 그런 삶이 지속되면 우울증에 시달리다가 회사를 그만두게 된다. 일을 한 만큼 충분한 휴식을 취하고 에너지가 충전되면 다시 일을 시작해야 한다.

업무 스트레스를 없애는 방법 중에는 노는 게 최고다. 잘 노는 사람들이 일도 잘한다. 이건 100퍼센트다. 내가 직원들이 늘 놀 수 있는 환경을 만들어주는 것도 업무 능력을 올려달라는 말과 다르지 않다. 피곤해 죽을 것 같으면 제발 쉬고 나서 일을 잡았으면 좋겠다.

나는 거의 모든 스포츠 종목에서 마니아 소리를 듣는다. 골프, 보드, 스키, 승마, 수상스키 등 못하는 게 없다. 운동이 몸에 배어서인지 출장 등으로 한동안 몸을 쓰지 않으면 운동하는 꿈을 꾼다. 그 다음 날은 무슨 일이 있어도 운동을 한다. 한창 운동에 빠져 있다 보면 자연스럽게 회사 일이 떠오른다.

'다음 일이 뭐지? 개발 업무. 그래 이건 이렇게 하면 되겠구나. 저건 저렇게 하면 되겠구나.'

컨디션이 좋아서 그런지 고민스럽던 일들이 별일 아니게 느껴진다. 스키장에서 실컷 놀고 회사에 돌아올 때는 이미 내 머릿속에선 업무가 끝나 있다. 스트레스를 관리하라. 체중처럼 어떤 기준을 갖고 숫자로 관리하면 더 좋다. 스트레스 다이어트는 체중 다이어트보다 몇 배는 더 중요하다.

지구의 자전과 공전처럼 변화는 계속되고 있다

정신적으로 최고의 상태를 유지해야 하는 이유는 명백하다. 세상의 변화에 능동적으로 대처할 힘을 얻을 수 있기 때문이다.

케리부룩, 미스미스터, 브랑누아, 레스모아, 칠성, 잉글랜드, 레오파드 등 한 시대를 풍미했던 기라성 같은 구두 회사들은 거의 다 사라졌다. 이유는 간단하다. 세상이 변하고 있는데 그걸 따라가지 못하고 자기 색깔만 고집하다가 사라진 것이다. 세상 보고 우리 회사 스타일로 변화하라고 할 수는 없다. 우리 회사가 변해야 한다. 변화하지 않으면 사라진다. 이것이 패션시장이다.

혹자는 그 회사들이 망한 이유가 '구두 제조업이 사양 산업이기 때문'이라고 말한다. 100퍼센트 확신하건대 구두는 절대 사양 산업이 아니다. 사람들은 생활 수준이 높아질수록 예술성을 더 따지게 되고 좋은 구두, 편안한 구두를 찾게 된다. 돈이 많은 사람일수록 좋은 구두에 관심이 많다. 구두는 사양 산업이 될 수가 없다.

중국은 신발류만으로도 100조 원 이상 수출한다. 물론 자체적으로 세계적인 브랜드를 만들지는 못하고 대부분 생산을 대행하는 구조이긴 하지만 자국에 어마어마한 일자리를 창출한 것은 누구도 부인할 수 없는 사실이다. 미국과 이탈리아의 신발류 산업의 규모도 엄청나다. 신발류 산업의 매출이 전체 시장의 10퍼센트에 달한다는 분석도 있다. 상황이 그런데도 우리만 사양 산업이라 부르고 있으니 답답할 따름이다.

앞서 열거한 우리 기업들이 무너진 것은 구두 산업이 무너졌기 때문이 아니다. 기업이 경쟁력을 잃었고 스스로 지속성을 가질 수 있는 문화를 창출하지 못했기 때문이다. 구두 생산은 누구나 할 수 있다. 하지만 늘 고객의 목소리를 들어야 하고 기업 내 혁신 분위기를 만들어야 한다. 또한 구두 생산에 관한 한 하나도 놓치는 게 있어서는 안 된다. 이 모든 것들이 모여서 하나의 문화가 돼야 한다. 고객의 기호든 기업 시스템이든 간에 절대로 지금 이 시대의 트렌드를 놓쳐서는 안 된다.

트렌드는 서서히 변화하는 것 같지만 급속하게 변한다. 이 변화를 따라가기 위해서는 젊은 감각이 필요하다. 젊은 감각이란 실제 나이가 아니라 젊은 시선을 뜻한다. 젊은 시선을 유지하기 위해서는 회사도 최고의 컨디션을 유지해야 한다. 그래서 기업에 문화가 필요한 것이다.

우리는 매출이 좋지 않으면 으레 사양 산업이니 불경기니 한다. 내가 구두 업계에 35년 동안 종사해왔지만 사양 아닌 때가 없었고 불경기 아닌 때가 없었다. 하지만 나는 구두 회사를 꾸준히 성장시켜왔다. 구두가 미래 산업이라는 것을 내가 몸으로 보여준 셈이다.

자신의 환경을 탓하지 마라.
칡덩굴이 온몸을 휘감아도 햇빛을 향하는 버드나무의 힘찬 노력처럼
숲에는 태어난 자리를 억울해하는 생명은 없다.
— 김용규, 『숲에게 길을 묻다』 중에서

환경에 지배당하지 마라

돈의 흐름에는 사이클이 있다. 돈이 들어오는 시기에는 크게 노력하지 않아도 매출이 쑥쑥 증가한다. 반면 한번 추락하기 시작하면 결제가 지연되고 들어온 주문도 취소되는 등 일이 계속 꼬인다. 이 두 가지는 계속 반복된다.

경영의 묘미는 그 간격을 절묘하게 줄이는 데 있다. 불경기면 불경기대로 거기에 맞춰 매출을 방어하는 방법을 찾고 경기가 좋을 때도 무조건 확장하기보다는 불경기를 대비해 조절하는 방법을 찾아야 한다.

불황은 없다

구두 매출도 다른 기호품과 마찬가지로 경기의 영향을 받는다. 소비자 입장에서는 벌이가 나쁠 때 굳이 새 구두를 사서 신을 이유가 없다.

경기 악화가 매출 부진의 직접적인 영향이긴 하지만 우리 회사 직원들은 판매 저조의 이유로 '불경기'를 이야기하지 않는다. 내가 용납하지 않기 때문이다.

구두는 기호품이기도 하지만 필수품이기도 하다. 누구나 경기에 상관없이 구두를 신을 수밖에 없다. 만약 예상치 못한 불경기가 시작됐으면 불경기에 어울리는 구두가 무엇인지 고민하고 적절한 상품을 시장에 출시해야 한다. 실제로 그렇게 하면 타격을 어느 정도 줄일 수 있다. 엄밀히 말해서 구두가 안 팔리는 것은 팔리는 구두를 잘 만들지 못했기 때문이지 경기 탓이 아니다. 매출부진의 이유를 외부 탓으로 돌리는 것은 불경기라고 그냥 굶어 죽겠다는 소리와 다르지 않다.

내가 백화점 영업을 할 때는 매장으로 가지고 나간 구두를 다 팔기 전에는 회사에 들어오지도 않았다. 이건 나만의 철칙이었다. 직원들에게 그렇게 하라고 강요하지는 않는다. 하지만 적어도 이런 생각을 갖는 것은 중요하다.

그 많은 구두를 다 팔 때까지 정말 고생이 많다. 몇 시간 동안 파리만 날릴 때도 있고 고객 항의를 받아주다가 다른 손님 여러 명을 눈앞에서 놓치기도 한다. 애초에 구두 매출이 없는 백화점에 엉뚱하게 나가 있을 때도 있다. 그래도 끝까지 다 팔아야 회사로 돌아왔다. 어떻게 하든지 간에 열심히 고민하면 길이 보인다. 이런 자세를 가지라는 것이다.

"이번 장사는 너무 힘들었어요."

"그 백화점은 구두 손님이 없어요."

이렇게 호들갑을 떠는 일도 없었다. 가지고 나간 물건 다 팔고 나서 그것도 사장이 '수고했네'라고 말한 뒤에야 한마디 한다.

"그거 쉽지 않았어요."

우리 회사는 바늘 한 점 흐트러짐 없는 구두만 내보낸다. 그러니 못 팔 이유가 없다.

"불경기여서 손님이 없어요."

이런 소리를 내뱉어서 얻을 수 있는 건 하나도 없다. 활동을 제한하는 소리일 뿐이다. 이런 소리가 여기저기서 나오기 시작하는 회사는 미래가 어두운 것이나 다름없다.

위기 돌파력은 바로 소통에서 나온다

불과 10년 전만 해도 구두 업계는 시기별로 매출 등락을 거듭했다. 봄이 시작되는 3월, 가을이 시작되는 9월에는 없어서 못 팔 정도로 구두가 잘 나가고 구정이 끼어 있는 2월, 장마가 시작되는 6월, 바캉스 시즌 8월에는 손가락만 빨았다. 창고에 쌓이는 재고를 보고 있노라면 혈압이 머리 꼭대기까지 올라왔다. 그래서 당시에는 그 시기를 어떻게 넘기느냐가 회사 경영의 가장 중요한 과제이기도 했다.

지금은 비수기라고 딱히 정해져 있지는 않다. 그래서 이전보다는 규모 있는 경영이 가능해졌다. 대신 예상치 못했던 순간에 비수기가 찾아오곤 한다. 글로벌 금융위기로 경제가 바닥을 치거나 신종플루처럼 경기 전반을 흔드는 대형 악재가 등장할 수도 있다. 이건 정말 어쩔 수 없다. 어떻게 해도 안 되는 것이다. 이럴 때는 견디는 방법을 찾아야 한다.

보통은 사장이 직접 나서서 영업부서를 다그치고 매출을 독려한다. 직원들이 구두를 구매하기도 한다. 조금이라도 손해를 만회하려는 몸부림이다. 충분히 이해가 되는 시도지만 나는 절대 그러지 않는다. 내가 혼내지 않아도 직원들 스스로 미안해하고 있다는 것을 잘 알고 있기 때문이다. 내가 현장 출신이기 때문에 그 마음을 누구보다도 잘 안다. 사장이라고 큰소리치고 혼내기 시작하면 직원들은 더 스트레스를 받고 회사 분위기는 걷잡을 수 없이 추락한다.

그래서 나는 매출이 떨어질 때 아예 손을 놓고 오히려 직원들과 레저를 즐긴다. 수상스키도 타고 말도 타고 낚시도 간다. 직원들에게 매출 이야기는 절대 하지 않는다. 그렇게 하면 직원들과 신뢰가 쌓인다. 서로 매출에 대한 이야기는 하지 않았지만 몸으로 소통을 한 셈이다. 이렇게 어려운 시기를 견디고 나면 직원들이 정말 열심히 일한다. 그 눈빛은 마치 나에게 진 빚을 갚기 시작했으니 조금만 기다려 달라는 듯 순수하다. 그해는 신종플루 때문에 많은 구두 회사들이 지독한 불경기를 겪었음에도 불구하고 우리는 사상 최고 매출을 기록했다.

벼는 익을수록 고개를 숙인다

반대로 매출이 사상 최고치를 기록하고 회사가 눈코 뜰 새 없이 바쁠 때 실수하는 직원들은 나에게 많이 혼난다. 다른 이유는 없다. 지금이 굉장히 중요한 시기라는 것을 자각시키기 위해서다.

사람 심리가 모두 똑같다. 매출이 안 좋을 때는 어쩐지 그게 자신 때문에 일어난 일인 것 같고 알아서 긴장하다 보니 실수가 적다. 하지만 장사가 잘되고 바쁘기 시작하면 마음이 들떠서 꼭 대충 넘기는 일이 생긴다. 별것 아닌 것 같지만 잘나갈 때 한두 번 허점이 보이기 시작하면 나중에 몇 배의 타격이 돼서 돌아온다. 잘나갈 때 오히려 실수를 줄여야 한다.

주문이 밀렸다고 바느질이 한두 곳 어긋난 채로 시장에 내놓으면 그 구두는 영락없이 컴플레인에 걸려 본사로 되돌아온다. 그렇게 되면 그 구두 한 켤레는 그냥 버리는 것이다. 뿐만이 아니다. 고객 한 사람을 통해 퍼지는 안 좋은 소문은 파급력이 커서 엄청나게 많은 고객들의 발을 묶어버린다. 이런 일이 두 번 세 번 늘어나다 보면 회사 이미지는 한순간에 무너질 수 있다.

매장도 마찬가지다. 손님이 많다 보면 아무래도 고객대응이 완벽하지 못하다. 어느 정도까지는 문제가 되지 않겠지만 손님이 밀린다고 설렁설렁 대하기 시작하면 고객들은 '이 매장은 다들 바쁘니까 다른 곳으로 가야겠네'라고 생각한다. 그 고객은 우리와 영영 이별이라고 생각하면 된다.

비수기보다 오히려 더 확실하게 챙겨야 하는 게 성수기다. 바쁠수록 고객 한 사람 한 사람, 신발 한 켤레 한 켤레 잘 챙겨야 한다.

성수기에 들이닥치는 고객들이 비수기 때 찾아오는 고객과 다른 고객이 아니다. 같은 생각과 같은 기대로 우리 매장에 찾아오는 사람들이다. 한 명 한 명이 정말 소중하다. 내가 성수기에는 두 눈에 불을 켜고 구두를 관리하는 것도 바로 이런 이유다.

매출이 좋을 때 내가 하도 난리를 치니까 요즘에는 직원들도 감을 잡았다. 바쁠 때는 아예 작정하고 꼼꼼하게 구두를 만든다. 매장에서도 많은 손님이 들이닥칠 때 대응법을 따로 만들었다. 이것이 노하우이고 이 노하우들이 쌓이면서 좋은 기업이 된다. 이런 노력 덕분에 우리는 성수기 때마다 매출 신기록을 세운다. 우리 회사는 잘나갈수록 실수가 없다.

삶의 방법 가운데 재미있는 사실이 하나 있다.
최상이 아닌 것들을 받아들이지 않고 거부할 경우 당신은 거의 항상 최상의 것을 얻는다.
— 서머싯 몸, 영국 소설가

묻고 또 물어라

"권 과장, 앱이 뭐지? 웹하고 다른 건가?"

아침에 신문을 읽는데 한 기사 안에 '앱'이 다섯 번이나 나와서 곧바로 영업부 권 과장에게 질문을 던졌다. '만물박사' 권 과장은 '앱은 어플리케이션의 준말이고 어플리케이션은 스마트폰 안의 소프트 프로그램을 부르는 말입니다'라고 차근차근 설명해준다. 친절하게 잘 설명해준 게 고마워서 '먹고 싶은 거 없어?'라고 물으니 괜찮다며 자기 자리로 간다.

"박 부장, SNS는 뭐야?"

이번에는 총무부 박 부장이 달려온다.

몰라서 묻는데 무엇이 창피한가?

중학교 2학년 때 일이다. 요즘은 학교 수업 시간이 어떻게 진행되는지 모르겠지만 예전에는 수업 시간이 정말 조용했다. 선생님이 지목하지 않는 한 먼저 질문하는 학생은 없다. 우리 학교에 김진영 선생님이란 분이 계셨는데 그게 좀 못마땅했던 모양이다.

"너희들은 궁금한 게 없니? 왜 수업 시간이건 쉬는 시간이건 질문하는 사람이 없니?"

좀 짜증 섞인 투로 우리를 나무랐다. 그래도 대답이 없자 칠판에 다음과 같이 썼다.

"모르면서 묻는 것은 순간의 수치요, 모르면서 묻지 않으면 영원한 수치다."

김진영 선생님이 칠판에 쓴 이 글귀를 읽는 순간 망치로 머리를 두들겨 맞는 느낌을 받았다. 그동안 아무것도 얻으려 하지 않고 그냥 세월을 살았다는 사실을 깨닫게 됐다. 그건 사는 게 아니었다. 내가 왜 이 세상에 살고 있는가? 앞으로 어떻게 살아야 하는가? 생에 대한 고민을 하게 만든 글귀였다. 그날 이후부터 나는 모르면 항상 묻는다.

1992년 처음 이탈리아에 들어갔을 때 일이다. 혈혈단신으로 밀라노 공항에 도착했는데 입국 심사를 굉장히 까다롭게 했다. 지금은 그런 일이 없지만 당시만 해도 유럽에서는 우리나라 사람을 굉장히 얕잡아 봤다. 아무런 문제가 없어도 그냥 통과시키는 법이 없었다. 심사관에게 신용카드와 돈까지 보여주고 나서야 입국 심사를 마칠 수 있었다. 20미터도 안 되는 그 짧은 거리가 참 길게 느껴졌다. 그 이듬해에는 친한 선배와 함께 들어갔다. 이탈리아가 처음이었던 그 선배에게 내가 선심이라도 쓰는 듯 미리 이야기해주었다.

"선배. 이탈리아는 좀 까다로워. 지갑을 열어서 돈이나 카드 같은 걸 보여줘야 심사가 빨리 끝나."

"그래? 알았어."

그 선배도 내 말을 듣고 각오를 단단히 했다. 그런데 이상했다. 1년 전과는 달리 우리가 여권을 보여주자 '코리언, 노 프라블럼'이라고 하더니 이내 통과시켜주었다. 이해할 수 없는 일이었다. 공항을 나오면서 선배에게 바로 물었다.

"선배, 노 프라블럼이 뭐야? 굉장히 좋은 건가 보네."

선배는 내가 무안하지 않게 뜻을 잘 설명해주었다. '노 프라블럼'도 몰랐다니. 지금 생각해보면 참 창피한 일이다.

우리 두 사람이 공항을 쉽게 통과한 것은 다른 이유가 아니었다. 우리나라가 1994년과 1995년 사이에 역동적으로 성장했고 OECD 가입을 코앞에 두는 등 유럽에서도 무시하지 못할 나라로 성장했던 덕분이다.

아무튼 나에게는 이런 에피소드가 많다. 상식에 가까운 것도 몰라서 질문을 던지는 일 말이다. 어찌 보면 창피한 일이고 실제 창피하기도 하다. 하지만 구두 만드는 기술자로 일할 때나, 경영자가 돼서 비즈니스를 할 때나, 궁금한 것이 생기면 그 즉시 질문을 던져서 풀었다. 그게 정말 많은 도움이 됐다.

요즘에도 누구에게든 어떤 장소이건 간에 잘 물어본다. 모르는 건 잘못이 아니다. 배워서 알면 된다. 모르면서 묻는 것은 순간의 수치에 불과하다고 하지 않았던가? 머뭇거릴 이유가 없다. 모르면서 알은체하거나 답답하게 궁금해하면서 살아가는 사람치고 잘된 사람을 못 봤다. 그 자리에서 바로 물어보라.

많이 묻고 스스로 답하라

인생은 남이 대신 살아줄 수 없는 것이다. 자기 인생은 자기 스스로 사는 것이다. 중요한 판단마저 다른 사람이 해준다면 삶은 계속 흔들릴 수밖에 없다. 자신만의 삶을 살아야 한다.

사업도 이 기준에서 시작해야 한다. 본인이 하는 사업인데 모든 것은 다른 사람에게 의지해서 시작하는 사람들이 있다. 그렇게 하는 사람치고 회사를 제대로 꾸려가는 사람을 보지 못했다. 작은 가게 하나를 하더라도 스스로 판단하고 결정해서 꾸려가야 한다. 이 과정 없이 성공을 꿈꾸는 것은 어불성설이다.

판단을 하는 게 어렵다면 방법을 배우는 것도 좋다. 판단 내리기 습관을 들이는 방법이 있다. 우선 모르는 게 있으면 주변에 많이 물어라. 가능한 많은 사람들에게 묻고 나중에는 스스로에게 물어라. 웬만한 문제라면 자기 입에서 답이 나올 것이다. 그대로 가면 된다. 어떨 때는 답이 나오지 않을 때가 있다. 이럴 때는 다시 더 많은 사람들에게 질문을 던져야 한다. 그리고 다시 자신에게 질문을 던져라. 자신만의 답이 나올 것이다.

그 일이 어떤 일이든 간에 대부분 자기에게 답이 있다. 스스로가

보지 못하고 있을 뿐이다. 그게 다른 사람들 눈에는 보인다. 그걸 찾아내는 것이다. 세상의 경험치를 믿고 많이 물어라. 그리고 자신을 믿어라.

판단은 스스로 해야 후회가 없다

생각해보면 나는 학교 공부에는 관심이 없었지만 선생님의 말씀은 잘 듣고 가슴에 새겼던 것 같다. 중학교 3학년 때 역사를 가르쳤던 우관식 선생님이 해주신 말씀도 평생 가슴에 새기고 살아왔다.

- 日之計 在於晨 일일지계 재어신
- 年之計 在於春 일년지계 재어춘
- 生之計 在於幼 일생지계 재어유

관중管仲이 지은 『관자管子』라는 책에 내오는 말이다. '하루 계획은 새벽에 세우고 일 년 계획은 봄에 세우고 인생 계획은 유년시절에 세우라'는 뜻이다.

특히 유년시절에 인생계획을 세워야 한다는 말이 나에게는 아주 중요한 과업처럼 다가왔다. 선생님으로부터 이 말을 들을 때부터 계획을 세우기 시작했다. 스무 살에 '인생이란 끝이 없는 사다리에 오르는 것'이라는 정의를 내리게 된 것도 이 글귀를 듣고 시작된 고민이 결론을 맺은 것이다.

매일매일 계획을 세우는 것은 정말 중요하다. 직접 회사를 경영해보니 정말 중요하다는 걸 피부로 느낀다. 성공적인 하루가 이어져야 성공한 인생이 되지 '오늘 하루 제치고 내일부터 잘하자' 식으로는 절대로 성공할 수 없다. 얼마 전 아침 일찍 카페에 그와 같은 글을 올렸다.

목적이 있는 하루는 순항하는 인생이요. 목적이 없는 하루는 표류하는 인생이다. 하루하루 순항하다 보면 멋진 인생이 되는 것이고 하루하루 표류하다 보면 표류하는 삶이 된다. 표류하는 하루를 만들지 말자.

결국 삶은 본인이 스스로 사는 것이다. 스스로 계획하고 스스로 판단하고 스스로 노력하고 스스로 결실을 맺어야 한다. 이 모든 것은 혼자 해야 한다. 본인이 궁금해하는 것에 대한 답은 대부분 자신이 가지고 있다. 스스로 판단하는 버릇은 아무리 반복해도 지나치지 않다.

나는 부모님에게 감사하는 게 한 가지 있다. 평생 농사를 지으신 우리 아버지는 나에게 공부 이야기를 한마디도 하지 않았다. 무슨 일이건 내가 알아서 하게 놔두었다. '이게 좋다' '저게 좋다' 판단해주지 않았다. 어머니도 그랬다. 덕분에 나는 어릴 적부터 혼자 판단하면서 살았다. 자연스럽게 자립심이 생겼다. 어릴 적부터 누가 옆에서 판단을 해주었다면 지금의 안토니도 없었을 것이고 선택의 순간에 늘 흔들리며 살았을 것이다.

대학생들을 상대로 강연을 하다 보면 젊은이들 대부분이 선택의 시기에 많이 흔들리는 것을 보게 된다. 마음이 약하다. 그동안 부모님 판단에 따라 살아온 것이다. 많이 안타깝다. 인생을 결정할 중요한 판단까지 부모님이 해주고 있는 현실이 참으로 걱정이다. 그런 친구들에게는 이렇게 말해준다.

　"어떤 판단이라도 스스로 하라. 그러면 설사 잘못된 판단이라 할지라도 실패는 아니다."

사람이 할 수 있는 가장 큰 미덕은 인류에 더 많은 공헌을 할 수 있도록
스스로를 계발하고 자신의 능력을 발전시키는 것이다.
— 마셜 필드, 미국 사업가

1등 이후를 준비하라

우리 회사가 '콤포트 슈즈 분야 국내 매출 1위'라는 사실이 알려지기 시작하면서 취재와 인터뷰 요청이 많이 들어온다. 기분 좋은 일이다. 그런데 취재를 많이 당하다 보니 그 과정에 한 가지 공통된 줄기가 있다는 것을 알게 됐다. 언론에서는 '매출 1위'라는 사실에 집착한다. 그래서 질문은 늘 '앞으로 어디까지 달릴 것인가?'에 맞춰진다는 점이다.

내 목표는 늘 '세계 1등'이다

나의 목표도 그렇고 우리 회사의 목표도 '세계 1위 구두 회사'가 되는 것이다. 달성 여부를 떠나서 이건 나의 오랜 목표였다. 이왕 시작한 사업 끝까지 달리겠다는 게 나의 생각이자 각오였다. 그러다 보니 '어떻게 해야 세계 1등이 될 수 있지?' 이 고민이 계속될 수밖에 없었다.

계획은 있다. 2011년 바이네르 상표권 인수를 기점으로 세계시장 석권에 박차를 가하고 있다. 현지에 공장을 만들고 수출국을 몇십 개로 늘리고 안토니를 세계적인 명품 브랜드로 만들 것이다. 충분히 가능하다고 생각한다.

혹자는 50대 중반에 들어선 나의 나이를 걱정하기도 한다. 세계 진출은 이제 시작인데 그 나이에 할 수 있겠느냐는 것이다. 물론 할 수 있다. 비즈니스 세계에서 나이는 그야말로 숫자에 불과하다. 축구로 치면 나는 이제 겨우 전반전을 끝내고 후반전을 준비하는 하프타임에 있을 뿐이다. 나는 세계 1위 소리를 들을 때까지 계속 매진해 나갈 것이다.

그런데 이 목표를 향해 끝없이 달리다 보니 한 가지 고민이 더 생겼다.

'세계 1등을 하고 난 다음에는 무엇을 해야 하지?'

누구에게는 비웃음 살 이야기일지도 모르겠다.

'고작 국내 1위, 그것도 콤포트 슈즈 분야에서 1위를 하고 있는 회사가 어떻게 세계 1위, 그것도 그 이후의 고민을 하고 있느냐?'

맞다. 세계 1위 근처도 못 가본 주제에 이런 고민하는 게 사치인 것은 맞다. 하지만 진짜 필요한 고민은 바로 이것이라는 사실 역시 맞다. 기업 경영은 머니 게임이 아니다. 그런 거였으면 회사를 주식시장에 상장시켰을 것이고 주식을 통해 들어온 돈으로 다양한 투자를 했을 것이다. 하지만 나는 머니 게임이 싫다. 기술 중심의 진짜 기업을 만들고 싶다.

진짜 중요한 것은 단순히 매출 1위가 아니다. 마인드와 철학에서 1등이 돼야 한다. 내가 '1등 이후의 모습'에 대한 고민을 시작한 것도 '단순히 매출 1위를 세계 1등 구두 회사라고 할 수 있을까?' 이런 의문이 들었기 때문이다.

한 번 생각해보라. 업계 1위인 구글, MS, 애플 같은 회사들의 처음 고민은 무엇이었을까? 처음부터 '세계 1위에 오르기 위해 무엇을 해야 하나?'를 고민했을까? '매출 1위'를 목표로 했을까? 그렇지 않을 것이다. 이 회사들은 애초에 고객 서비스에 대한 고민으로 기업을 시작했다.

'어떻게 하면 사람들이 즐거워할까?' '이 세상 사람들을 조금이라도 편안하게 해줄 수 있는 방법이 무엇일까?'

이런 고민에서 출발해 단기 목표를 하나씩 이루다 보니 어느새 '세계 1위' 기업이 될 것이다. 매출을 계속 늘려 세계 1위가 되는 예는 흔치 않고 설사 그게 가능하다 치더라고 계속 지속되기도 힘들다. 내 고민의 위치가 '세계 1위 이후'에 있는 이유도 바로 이것이다.

다시 같은 질문이다. 세계 1등 그 이후에는 무엇을 해야 하는가? 우주 1등이라도 해야 하는가? 아니면 다른 경쟁업체의 추격을 저

지하는 게 목표인가? 이 질문에 대한 답을 찾아야 한다.

답은 언제나 '우리' 안에 있다

'진정한 세계 1위 회사는 어떤 모습인가?'

질문을 이렇게 바꿔보자. 세계 1위에 도달해 있는 회사들은 모두 저마다 다른 스토리를 가지고 있다. 회사의 자산을 사회에 환원하는 것으로 1등 이후의 행보를 걷는 회사도 있고 분사를 통해 사원들에게 돌려주는 것으로 1등 이후의 모습을 그리는 회사도 있다. 어쨌든 공익을 염두에 두고 결정한다는 점은 같다.

그렇다면 우리는 무엇을 해야 하는가? 사회를 위해, 국가를 위해, 누군가를 위해 무엇이든 해야 하는 것 아닌가? 그렇다면 언제 어떻게 해야 하는가? 나중에 큰 성공을 이룬 이후에 해야 하는가? 아니면 지금 당장 해야 하는가?

이런 고민을 계속하면서 한 가지 중요한 사실을 깨달았다. 바로 내가 살고 있는 현실이 주는 고마움이었다.

사실 이런 고민은 아무나 하지 않는다. 그래도 기업 경영에 자신이 있고 미래를 크게 그릴 만한 기업을 경영하고 있어야 할 수 있는 고민이다. 이런 고민을 하게 만들어준 우리 회사와 직원들이 정말 고마웠다. 그들이 나를 이렇게 행복한 고민 속에 빠뜨린 셈이었다. 이런 깨달음을 하고 나니 내가 참 행복한 사장이라는 생각도 하게 됐다. 덕분에 세계 1등이 되기 위해 스트레스를 받기보다 내가 행복하고 직원이 행복한 회사를 만드는 게 훨씬 중요하다는 것도 알게 됐다. 어쩌면 직원과 사장이 모두 행복한 회사가 '진짜 세계 1위' 회사인지도 모른다는 생각도 했다.

다시 한 번 질문을 바꿨다.

'성공이란 무엇인가?'

질문과 고민을 거듭한 끝에 나와 우리 직원들은 안토니의 정체성을 정의 내리기에 이르렀다. 우리는 우리 회사의 가치를 '성공경영'이라고 정의한다. 단어는 꼭 1980년대식으로 딱딱하지만 그 안의 의미는 그렇지 않다. 여기서 성공은 '맹목적인 목표 달성'이 아니다. 직원들이 생각하는 성공의 의미를 넣었다. 이 작업을 진행하기 위해 성공이 무엇인지에 대해서는 나의 일방적인 의견이나 사회의 잣대를 배제한 채 직원들의 생각을 받았다. 직원들과 수차례 회의를 거치면서 정리한 답은 다음과 같다.

성공이란 고객에게 사랑받고 사회로부터 존경받으며 직원 모두가 만족하는 행복지수 1등 기업을 만드는 것이다.

너무 흔한 단어로 연결된 문구여서 얼핏 읽으면 특별함이 덜 느껴질지 모른다. 하지만 우리의 진정어린 생각들이 담겨 있다. 안토니의 성공 안에는 고객 만족, 사회 참여, 구성원들의 행복이 모두 들어 있다. 이 요소들은 우리가 가슴 떨릴 정도로 간절히 희망하는 것들이다. 우리의 존재 이유는 이 안에 다 들어 있다.

내가 회의를 주도하지 않고 직원들의 생각에 주로 의지했음에도 불구하고 우리 직원들은 적어도 '성공'을 '끝도 없는 매출 싸움'에만 두지 않았다. 고객을 생각하고 사회를 생각하고 행복을 생각하고 있었다. 무엇보다도 이 사실이 정말 고맙다.

성공 경영이란 성공적인 인재 경영이다

회의 시간은 사장인 나나 직원들이나 곤혹스럽기는 마찬가지다. 다른 이유가 아니다. 내 생각과 직원들 생각이 다르기 때문이다. 그러다 보니 부딪칠 일도 많고 목소리 톤도 올라간다. 그래도 회의는 해야 한다. 그래야 좁혀지고 결론이 나온다.

나는 무엇이든 속전속결이다. 회의 중에 결정해야 할 일은 바로 결정하고 실천해야 할 일은 바로 진행시킨다. 내 생각을 직원들에게 관철시키기 위해 고집을 부리거나 시간을 끄는 법이 없다. 직원들 생각이 더 좋아 보이고 대다수 직원들 생각이 그렇다면 가차 없이 직원들의 생각대로 간다. 나는 회사에 이익이 된다면 직원들 생각에 따를 준비가 돼 있다.

내가 주재하는 회의 방식은 좀 독특하다. 책임자와 부책임자 회의를 따로 한다. 지점장 회의를 하고 나서 부지점장 회의를 따로 하는 식이다. 그렇게 하는 이유는 간단하다. 가능한 많은 의견을 듣기 위해서다. 회의를 해보면 책임자 회의보다 부책임자 회의가 더 공격적이고 재미있다. 엄청난 것을 건의하는가 하면 엄청난 변화를 요구하기도 한다.

나는 그런 역동성이 좋고 그 사이사이에 회사의 미래를 본다. 그 열의가 좋아서 회의 시간에 건의하는 것은 너무 엉뚱한 것만 아니면 대부분 들어준다. 들어줘야 또 건의를 하게 되고 이런 과정이 반복되면서 회사는 좋은 방향으로 변화한다. 사실 '성공 경영'의 정의도 이런 역동적인 과정을 통해 만들어졌다.

우리에게 세계 1등은 정말 중요하지 않다. 직원들에게 도움이 되고 사회에도 도움을 주는 기업이 되면 그만이다. 누구를 이기는 것도 중요하지 않다. 진짜 1등은 바로 이런 것이다. 사람 일이라는 게 참 알 수 없다. 우리 회사는 '매출 세계 1위'보다 건전하고 이상적인 성공 이야기를 하기 시작하면서 이전보다 매출이 훨씬 많이 늘었다. 성공에 대한 정의를 내리고 나서 직원들도 이전보다 훨씬 더 열심히 일하기 시작했다. 버렸는데 더 크게 돌아온 것이다.

우리 회사는 매년 20퍼센트 이상 성장하고 있다. 실제 눈에 보이는 매출이 그렇다. 사실 그 안에서는 엄청나게 큰 미래를 준비하고 있다. 정말로 언젠가는 세계 1위가 될 것 같고 그날이 그렇게 멀어 보이지만 않는다. 참 아이러니다.

정신적인 탈출을 몇 분 동안 지속하면 다시 기운이 나고
남은 하루를 잘 보낼 준비가 될 것이다.
— 로빈 S. 샤르마, 「내가 죽을 때 누가 울어줄까」 중에서

노는 시간을
아까워하지 말라

우리 회사에는 시가 1억 원짜리 벤츠 스포츠카(SLK 55 AMG)가 있다. 내가 타려고 산 게 아니다. 직원 전용이다. 좋은 차로 드라이브하고 싶을 때 그냥 타면 된다. 청평과 한강에 모터보트도 있다. 수상스키를 하고 싶을 때 청평이나 한강을 가면 된다. 역시 직원 전용이다.

봄과 가을에는 회사 승마장에서 말을 탄다. 잘생긴 두 마리의 명품 말은 내가 직접 골라왔지만 말은 주로 직원들이 탄다. 겨울에는 내가 직접 직원들에게 보드와 스키를 가르쳐준다. 나는 보드에 일가견이 있다. 처음 보드를 잡은 사람도 30분이면 잘 탈 수 있게 해준다.

우리 회사 직원들처럼 다양한 취미생활을 즐기는 샐러리맨을 본 적 있는가?

노는 게 일만큼 중요하다

"전시용 아니냐?"

평범한 샐러리맨이 벤츠 스포츠카를 탄다고 하니 처음에는 다들 믿지 않았고 직접 눈으로 보고 나서는 그렇게 물었다. 홍보용 혹은 전시용으로 만든 깜짝 이벤트라고 생각했다. 믿을 수도 없고 믿고 싶지도 않은 것이다.

그런데 요즘에는 사람들 반응이 좀 바뀌었다. 우리 회사 이야기가 언론에 많이 소개되면서 '참 별난 회사네'라고 생각한다.

사실 밖에서 우리 직원들의 '놀이'에 대해 어떻게 생각해도 상관 없다. 우리에겐 '정말로 하고 싶은 것을 즐기고 있다'는 생각이 중요하다. 우리 직원들은 정말 잘 논다. 노는 것에는 이력이 났다. 연봉 5억 원 받는 사람도 우리 직원들처럼 놀지 못한다. 왜 이렇게 놀게 하느냐? 내가 아는 어느 사장이 나에게 물어보았다. 이유가 있다.

우리 회사 직원들 연봉은 대기업 직원들 연봉보다 낮다. 그렇다고 노는 것조차 대기업 직원들보다 못해야 한다는 법은 없다. 연봉이야 어차피 인력 대비 매출에 준해서 주는 것이니 한계가 있을 수 있다. 하지만 다른 것까지 못한다는 소리를 듣고 싶지 않다. 열심히 일하고 열심히 노는 회사를 만들고 싶다.

"신 나게 놀아라. 그래야 일도 신 난다."

이게 내가 직원들에게 쉼 없이 하는 이야기다. 잘 노는 사람이 일도 잘한다. 이 사실은 정확하다. 둘 다 실천한다는 점에서 공통점이 있기 때문이다. 노는 것이든 일하는 것이든 모두 실천의 문제다.

행복지수를 높여라

3년 전에 갤럽을 통해 직원 만족도 조사를 한 적이 있다. 그 조사 결과는 정말 놀라웠다. 우리나라에서 연봉이 가장 높다는 금융권보다도 만족도가 높게 나왔다. 우리 스스로도 '이건 좀 심하다' 싶었다.

우리보다 더 놀란 것은 갤럽 관계자였다. 어느 날 우리 회사 조사를 담당한 갤럽 직원이 '재조사를 할지도 모른다'며 회사에 직접 찾아오기도 했다. 진실도가 떨어진다며 담합 의혹을 제기한 것이다.

이런 결과를 받으니 사실 좀 통쾌했다. 마치 복지가 잘돼 있는 유럽의 선진국을 제치고 행복지수가 가장 높았던 방글라데시의 사례를 보는 것 같았다.

"하고 싶은 게 있으면 무엇이든 이야기하라. 내가 다 해주겠다."

회식자리에서 내가 직원들에게 가장 많이 하는 말이다. 술 마시고 내뱉는 허세가 아니다. 나는 아무리 편한 자리에서 한 말이라도 직원들과 한 약속은 칼같이 지키는 괜찮은 사장이다. 그러니 빈말을 할 리가 없다. 정말로 직원들이 원하는 걸 해주고 싶어서 하는 말이다.

어느 직원이 '해외 연수 가고 싶어요'라고 말했다. 그 건의사항 이후로 우리 회사는 우수 직원들을 대상으로 매년 미국 연수를 진행한다. 어떤 직원은 '다자녀 가정에 지원 좀 해주세요'라고 말했다. 현재 우리 회사는 셋째를 낳은 가정에는 1,000만 원을 지원한다.

"기타를 배우고 싶어요."

스키나 보드, 스포츠카, 승마, 수상스키 등 동적인 놀이 말고 정적인 것을 좋아하는 직원들이 있다. 기타 한 대씩 사줬고 강사도 초빙해주었다.

행복지수 1위 기업. 내가 꿈꾸는 회사의 모습이다. 물론 직원들이 원하는 바를 모두 들어준다고 행복지수가 높아지는 것은 아니다. 직원 개개인이 본인의 업무에 만족해야 한다. 회사의 비전이 있어야 하고 개인에게 주어지는 과제가 자기계발과 맞물려야 한다. 업무에서 만족하지 못하면 회사생활에 행복을 느낄 수 없다.

우리 회사의 비전은 확실하다. '성공 경영'이다. 성공 경영이라고 하니 의문이 생길 수도 있다.

"어떻게 기업의 성공과 개인의 행복이 함께 공존할 수 있느냐?"

물론 그 말도 맞다. 하지만 우리가 생각하는 성공은 매출 1위 연봉 1위가 아니다. 직원 행복을 성공의 바탕에 두었다. 또 이런 성공은 존경받는 아빠, 존경받는 남편, 좋은 동료라는 조건을 기본으로 가지고 있어야 한다. 우리는 일 못하는 직원 나무라지 않는다. 대신 행복하지 못한 직원은 나에게 많이 혼난다.

직원들이 희망이다

나는 직원들이 기뻐하는 일이라면 무엇이든 할 수 있다. 여대 앞에서 뱀탕을 팔라고 해도 할 것이고 속옷 차림으로 거리를 활보하라고 해도 하겠다. 그래서 행복하다면 그렇게 하겠다.

내가 직원 행복에 심혈을 기울이는 것은 이유가 있다. 직원들이 우리 회사에 오래 다니길 바라는 마음 때문이다. 요즘은 회사가 이력을 쌓는 체험장이고 몇 년마다 회사를 옮기는 게 능력이라고 한다. 하지만 나는 직원들을 가능한 오랫동안 옆에 두고 싶다. 오랜 시간에 걸쳐 쌓은 기술과 노하우를 우리 회사에서 펼치길 바라는 마음이 크기 때문이다.

이런 노력 덕분인지 우리 회사는 이직률이 매우 낮다. 한 번 들어오면 나가질 않는다. 참 고마운 일이다. 사실 구두 업계는 이직률이 높은 직종에 속한다. 기계가 발전하고 시스템도 좋아졌지만 구두 제작에는 여전히 사람의 손길이 많이 필요하다. 어느 회사든 숙련된 기술자는 늘 필요할 수밖에 없다. 기술이 좋다고 소문나면 다른 회사로부터 쉬지 않고 스카우트 제의가 들어온다. 그래서 구두 업계는 '직원들 이직'이 회사 성장의 걸림돌이다. 우리는 '행복지수 1등 기업'을 추구하면서 그 문제를 해결한 셈이다.

나는 매년 우수 직원들을 데리고 미국에 다녀온다. 연수라는 이름이 붙긴 했지만 업무라고 할 수 있는 일은 라스베이거스에서 열린 '세계 구두 박람회'를 관람하는 것이 전부였고 나머지는 관광이다. 그랜드캐니언, 후버 댐, 명품 쇼핑몰, 아웃렛 등 라스베이거스와 인근 관광지를 돈다. 숙소는 라스베이거스에서도 가장 좋은 곳으로 정한다. 수백 평 저택에는 수영장과 야자수가 체류기간 내내 일행의 마음을 들뜨게 만든다.

미국 일정 마지막 저녁, 우리는 '1분 스피치' 시간을 가진다. 한 명씩 돌아가면서 회사에 대한 생각을 짧게 말하는 시간이다. 그 시간 내내 '라스베이거스에 오길 정말 잘했구나' 이 생각만 들었다.

"1998년에 입사해서 15년 동안 일했습니다. 지금까지 올 수 있었던 것은 일하면서 즐거웠고 미래를 꿈꾸는 우리 회사가 정말 좋았기 때문입니다. 회사에 출근하면 조금 더 힘내자는 생각만 드니 완전 우리 회사의 매력에 빠져 있나 봅니다."

권구봉 직원의 말이다.

"우리 회사는 팀워크가 가장 큰 장점이라고 생각합니다. 무리하지 않게 목표를 잡고 서로 어깨동무하면서 한 계단씩 올라가는 분위기가 진짜 마음에 듭니다. 아무리 어려운 일이 닥쳐도 헤쳐나갈 수 있을 것 같습니다."

신종윤 직원의 말이다.

"스물한 살에 안토니 바이네르를 만나서 10년 넘게 일하고 있습니다. 사장님이 스키장도 데리고 가고, 음식도 직접 해주시고, 다른 회사와는 너무 달라서 그 매력에 푹 빠져 지낸 것 같습니다. 결혼 이후 한창 슬럼프를 겪기도 했는데, 사장님의 배려로 다시 일어날 수 있었습니다. 이런 회사를 다니게 된 것을 행운이라고 생각합니다."

이정혜 직원의 말이다.

나는 직원들의 이야기를 들으면 행복하다.

"나는 행운아라고 생각합니다. 안토니 회사는 모든 일이 잘 풀리고 있습니다. 주변 사람들도 그렇게 이야기합니다. 정말 회사에 오면 괜히 기분이 좋고 힘이 납니다. 쉬는 날에도 출근하고 싶다는 생각이 들 정도입니다. 우리 회사가 진짜 행복지수 1위 기업입니다."

직원들의 이야기에 감동해서 눈물이 찔끔 흘러나온다. 내가 원래 감상적인 사람은 아닌데 이 시간만 되면 왜 이런지 모르겠다. 처음 견습공으로 일을 시작한 그날부터 지금까지 35년 동안 나에게 일어난 일들이 촘촘히 생각나기 시작한다. 그래서 말한다.
"내가 세상에서 가장 행복한 사장이다."

타인의 성장을 도와라

우리 회사에서는 신입 사원을 킹카라고 부른다. 우리도 예전에는 다른 회사처럼 신입 사원을 '막내 사원'이라 불렀다. 사람 인생 이름 따라간다고 막내라고 불러서 그런지 결과가 영 신통치 않았다. 자기 마음은 그렇지 않아도 '막내' 소리를 계속 듣다 보면 자의식이 사라지고 독립의지가 약해진다. 막내부터 시작해서 언제 '맏이'가 되겠는가? 그래서 아예 킹카라고 명칭을 바꾸라고 했다. 그 결과는 놀라웠다. 먼저 부서 팀장들이 부하직원 대하는 태도가 달라졌다. 킹카라고 부르기 시작하니까 일도 그렇게 시키게 되더라고 말한다. 신입사원들 스스로도 변화를 시도했다. 정말 왕처럼 자기 생각을 펼치기 시작하더니 이내 회사의 인재로 성장하기 시작했다.

불타는 열정 한 걸음 한 걸음이 모여
꿈을 이룬다

씨월드의 조련사들은 긍정적인 반응의 행동으로 범고래에게 물고기를 주거나,
배를 긁어주거나, 혹은 장난감을 가지고 놀 시간을 주죠. 직장에서는 아마도 칭찬하거나,
배움의 기회를 제공하거나, 혹은 승진시키는 것 등이 될 수 있을 겁니다.
사람들은 자신이 일을 잘해냈을 때 긍정적인 보상을 받게 된다면
자연히 그 행동을 계속하고 싶어 하게 되죠.
— 켄 블렌차드 외, 『칭찬은 고래도 춤추게 한다』 중에서

치어리더가 돼라

"안토니 직원들 정말 일 잘해요."

"어떻게 해서 그렇게 좋은 직원들을 데리고 있어요?"

밖에서 듣는 소리 중에 직원들 칭찬이 가장 좋다. 회사 경영하면
서 이보다 더 듣기 좋은 소리도 없을 것이다.

무한 신뢰를 보내라

곰곰이 생각해보면 칭찬만큼 좋은 선물도 없다. 칭찬은 사람을 최
고로 좋은 컨디션에서 일할 수 있게 해준다. 사람이 살아가려면 즐

거움과 행복이 있어야 한다. 그래야 좋은 결과가 있다. 직원들 대할 때 사람은 보지 않고 숫자만 보고 자꾸 실적만 내라고 하면 그 누구도 일할 마음이 생기지 않을 것이다. 칭찬받으면 고래도 춤을 춘다고 했던가? 하물며 사람이야 어떻겠는가.

"왜 결과가 그렇게밖에 안 나왔어?"

"막내 사원이 아직 잘 몰라서 이것밖에 못 했습니다."

"막내 사원? 막내라고 부르니까 결과가 늘 그런 거 아냐? 이름을 바꿔."

"이름이요? 뭐라고요?"

"킹카라고 불러."

우리 회사에서는 신입 사원을 킹카라고 부른다. 우리도 예전에는 다른 회사처럼 신입 사원을 '막내 사원'이라 불렀다. 사람 인생 이름 따라간다고 막내라고 불러서 그런지 결과가 영 신통치 않았다. 자기 마음은 그렇지 않아도 '막내' 소리를 계속 듣다 보면 자의식이 사라지고 독립의지가 약해진다. 막내부터 시작해서 언제 '맏이'가 되겠는가? 그래서 아예 킹카라고 명칭을 바꾸라고 했다.

그 결과는 놀라웠다. 먼저 부서 팀장들이 부하직원 대하는 태도가 달라졌다. 킹카라고 부르기 시작하니까 일도 그렇게 시키게 되더라고 말한다. 신입사원들 스스로도 변화를 시도했다. 정말 왕처럼 자기 생각을 펼치기 시작하더니 이내 회사의 인재로 성장하기 시작했다. 호칭 하나 바꿨을 뿐인데 말이다.

이런 모습을 보면서 참 많은 것을 느낀다. 누구든 조직에서 어떤 임무를 부여받고 어떤 직책이 주어지느냐에 따라 사람이 달라질 수 있다. 이건 일종의 믿음이다. '내가 너를 이만큼 신뢰하고 있으니 이 일을 꼭 완수해 달라'고 말하는 것이나 다름없다. 이런 의미는 주는 사람보다 받는 사람이 더 잘 알고 있다. 신입사원들은 대답한다.

"저를 믿어만 주신다면 무슨 일이든 할 수 있습니다."

즉각 칭찬하라

우리 회사 뒤에는 승마장이 있다. 우리 직원들에게 특별한 취미를 선물할 수 있을까 고민하다가 나대지를 빌려 승마장을 만들었다. 회사에서 근무하다 말고 머리 식힌다며 말을 타는 직원은 우리 직원들밖에 없을 것이다.

여름에는 청평과 한강에서 모터보트로 수상스키를 즐기고 겨울에는 스키장에서 스키와 보드를 타면 되는데 그 중간에 끼어 있는 봄과 가을에는 무엇을 할까 고민하다가 찾은 게 승마였다. 이왕이면 직원들에게 좋은 것을 선물하고 싶었다.

승마가 고급 스포츠이고 그걸 직원들에게 경험하게 해주고 싶어서 승마장까지 만들기는 했지만 솔직히 말타기에 익숙해지기는 쉽지 않았다. 자동차와 달리 살아 있는 동물이다 보니 내가 좋다고 마냥 탈 수 있는 게 아니었다.

말은 머리가 좋은 동물이다. 승마 경험이 없는 사람이 자기 등에 앉으면 좀처럼 말을 들으려 하지 않는다. 아무리 엉덩이를 때려도 꿈쩍하지 않을 때도 있다. 속으로 사람을 비웃는 것이다. 이런 이유 때문에 승마장 조성 초기 직원들의 반응은 그저 그랬다. 비싼 돈 들여 승마장을 꾸미고 제주도에서 말까지 구해왔는데 자칫 애물단지가 될 수도 있는 상황이었다.

나는 안 되겠다 싶어서 직원 세 명을 선발해 전문교육을 받게 했다. 말에 대해 잘 아는 직원이 말을 관리하면 좋을 것 같다고 생각했다. 6개월 승마 교육을 받고 돌아온 두 명의 직원은 마치 승마 전문가라도 된 듯 직원들에게 승마를 정식으로 가르쳐주었다. 말 타기의 즐거움에 대해서 직원들에게 꾸준히 설명해주었다.

"한번 타볼까?"

사람들의 마음도 달라지기 시작했다. 어찌 된 일인지 그때부터 '말'도 우리의 '말'을 듣기 시작했다. 말 입장에서 보면 그 이전에는 답답하기도 했을 것이다. 말도 모르는 사람들이 모여서 자신을 하인 부리듯 했으니 말이다.

슬슬 승마에 재미를 붙이기 시작할 무렵 한 가지 사건이 생겼다. 이번에는 두 마리가 작정하고 파업을 일으켰다. 마구간에서 꿈쩍을 하지 않았다. 전문교육을 받은 직원들이 노력을 해도 움직이지 않기는 마찬가지였다. 도무지 이유를 알 수 없었다.

내가 직접 끌고 나오려 했지만 이 두 마리 말은 나를 그저 노려볼 뿐이다. 그때는 아주 이 말들을 다시 제주도로 돌려보낼까도 생각했다. 그것도 현실가능한 일은 아니었다. 방법은 없었다. 그저 두 녀석을 달래야 했다.

"아니, 너희들 왜 이렇게 컨디션이 안 좋은 거냐? 너희처럼 멋진 말들이 이렇게 마구간에만 있으면 몸매도 망가지고 정신 건강에도 안 좋아. 얼른 밖으로 나와서 그 늘씬한 몸을 한번 보여줘 봐라."

그러자 이해할 수 없는 일이 일어났다. 갖은 감언이설로 이 녀석들을 설득하니까 거짓말처럼 승마장으로 나오는 게 아닌가? 그것도 이전보다 더 적극적으로 승마장을 뛰어다녔다. 이번에는 아예 나보고 등에 타라고 사인까지 보냈다. 떡 본 김에 제사 지낸다고 그 참에 나도 신 나게 말을 탔다.

내가 말들에게 했던 말은 거짓말이 아니다. 우리 승마장의 말들은 정말 잘빠졌다. 아무리 그렇다곤 해도 내 말을 알아들었을 리는 없고 어떻게 마음이 변했는지 참 신기한 노릇이었다. 그래도 한 가지 깨달은 것은 있다. 칭찬을 했더니 말도 춤을 추더라.

칭찬을 아낄 필요가 어디 있는가? 이렇게 모든 문제가 술술 풀리는 것을.

성과를 나누어라

나는 밖에서 우리 직원들 칭찬을 많이 하는 편이지만 면전에서 대놓고 하지는 않는다. 쑥스러운 성격 탓이다. 아무튼 칭찬은 많을수록 좋다는 생각은 변함이 없다. 하지만 말로만 하는 칭찬은 한계가 있다.

'회사는 계속 성장하고 있다는데 사장은 입으로만 칭찬하고 끝내는 것 같다.'

직원들 입장에서는 그런 생각을 심어줄 수 있다. 그래서 말로 하는 칭찬 뒤에는 반드시 포상이 따르게 해야 한다.

우리는 기회가 있을 때마다 포상을 만든다. 연말 인센티브는 기본이다. 성과에 따라 해외 연수 기회를 제공하고 판매 실적에 따라 특별 보너스도 지급한다. 많이 웃는 직원에게는 스마일 상과 함께 상금도 지급한다. 동아리 활동을 열심히 하는 사원도 포상하고 근무연수에 따라 연봉과 직급도 꾸준히 올려준다. 직원들에게 실질적으로 돌아가는 게 무엇보다도 중요하다는 것을 알고 있기 때문이다.

세계적인 투자자 잭 웰치가 그렇게 말했다고 했던가? '칭찬은 말로 하는 게 아니라 지갑으로 하는 것'이라고.

영국에 한 소년이 있었다.
그는 지나치게 내성적이고 자신감이 없어서 사람 만나기를 꺼려했다.
소년은 뭔가 돌파구를 찾기 위해 동네 사람들에게 먼저 인사를 건네기 시작했다.
"안녕하세요, 아저씨. 날씨가 참 좋네요."
그러자 마을 사람들도 점점 그 소년을 좋아하게 되었다.
소년의 성격도 점점 밝고 명랑해졌다. 그가 바로 버나드 쇼다.
— 신상훈, 『유머가 이긴다』 중에서

인사 효과

"사장님은 권위가 없어서 좋아요."

우리 회사에 취재 오는 방송사나 언론사 기자들이 하나같이 나에게 하는 말이다. 그리고 한마디 더 덧붙인다.

"방송에 잘 나오려고 일부러 직원들을 편하게 대해주시는 건 아니시죠?"

절대 아니다. 내가 속이 없어서 직원들을 편하게 풀어놓는 것도 아니다. 일은 엄청나게 시킨다. 그래도 직원들과 형 동생처럼 이야기할 수 있다. 권위를 버리니 소통이 됐고 소통이 되면서 수평적 리더십이 가능해졌다. 이 모든 걸 가능하게 해준 게 바로 '굿모닝'

인사였다.

긍정은 밝은 미소에서 나온다

우리 회사 직원들은 아침에 회사에 출근하면 '굿모닝'을 크게 외친다. 물론 나도 '굿모닝'이라고 인사한다. 이 장면을 처음 본 사람들은 좀 어색해한다.

"여기 한국이잖아요?"

농담처럼 이렇게 물어본다. 그럴 만도 하다. 하지만 '굿모닝'은 우리에게 이미 너무 익숙해진 습관이다. 어쩌다 실수로 '안녕하세요'라고 인사하면 그게 더 이상하다. 이처럼 작위적으로 보일 수도 있는 '굿모닝' 인사를 만들게 된 데는 그만한 사연이 있다.

나는 비즈니스 관계로 외국에 나갈 일이 빈번하다. 외국에 나가면 업무 외에도 이것저것 관찰한다. 그들에게 부러운 것은 딱 하나다. 그들은 우리와 표정이 다르다. 미국, 일본, 서부 유럽 같은 선진국뿐 아니라 그렇지 못한 나라 사람들도 표정은 굉장히 밝다. 표정만 밝은 게 아니다. 그들은 길을 걷다가 혹시 눈이 마주치기라도 하면 웃으면서 인사를 건넨다. 엘리베이터 안에서 인사하는 것은 무조건 해야 하는 일이다. 우리나라에서는 '미친놈' 소리 들을 일인데 나는 그게 참 부러웠다.

한동안 외국에 있다가 돌아오면 우리의 표정이 참 딱딱하다는 느낌을 받는다. 두 말 할 것 없이 딱딱한 인상은 상대에게 혐오감을 주고 밝은 인상은 행복감을 안겨준다. 우리 표정은 왜 이렇지?

이건 열등감이 아니다. 우리가 그들보다 못 사는 것도 아니다. 무역 규모 세계 10위. 솔직히 유럽의 웬만한 국가보다 돈은 우리가 더 많다. 그런데 우리는 표정이 딱딱하고 그들은 밝다. 웃음은 누가 시킨다고 억지로 지어지는 게 아니다. 그 나라의 문화와 개인의 마음이 어우러져야 자연스럽게 나온다. 우리는 다들 힘에 부쳐서 살고 있는지도 모른다.

우리 직원들이라도 밝은 표정을 만들고 싶다는 생각을 참 많이 했다. 직원들 표정이 밝으면 무슨 일이든 못할까 싶었다. '굿모닝' 인사는 그래서 만들었다.

조직에서는 아침 인사가 중요하다

우리나라 어느 조직을 가도 아랫사람이 먼저 윗사람에게 인사하는 게 관례다. 가끔 아랫사람이 타이밍을 놓쳤거나 혹은 깜빡하고 윗사람에게 인사 건네는 것을 잊을 수도 있다. 하지만 여전히 권위적인 분위기가 많이 남아 있는 우리 사회에서는 이게 문제가 될 수 있다.

아랫사람이 인사를 하지 않으면 윗사람은 굉장히 불쾌해한다. 인사를 할 때까지 부하직원 근처를 맴도는 상사도 있다. 아랫사람 입장에서는 인사를 하지 않을 수 없다. 이런 분위기에서 어떻게 밝은 표정이 나오겠는가? 이런 일이 잦으면 사무실 전체가 어두워진다. 진짜 그렇지는 않겠지만 이런 분위기를 즐기려고 회사를 경영하는 게 아닐까 싶을 정도로 우리나라 기업 사장들은 대부분 권위적이다.

솔직히 말하면 우리 회사도 얼마 전까지는 다른 회사와 별반 다르지 않았다. 내가 사무실 문을 열고 들어와도 아무런 반응이 없고 "어험" 헛기침을 해야 인사가 돌아왔다. 그래도 내가 사장인데 이건 아니다 싶었다. 임원들 붙잡고 다그칠까도 생각했다. 그런데 그것도 근본적인 해결은 안 될 것 같았다. 인사야 잘하겠지만 억지로 던지는 인사가 무슨 소용인가? 뭔가 방법이 필요했다.

모든 경영자들이 그렇겠지만 사장이라는 자리는 솔직히 외롭다. 회사 안에 많은 직원들이 있지만 경영의 진짜 고민은 사장 혼자 짊어져야 한다. 나도 새벽부터 잠자리에 들 때까지 하루 종일 회사 걱정뿐이다. 일이 안 풀릴 때는 회사가 감옥일 때가 있다.

어느 날이었다. 심각한 고민이 있어서 아주 무거운 마음으로 출근했는데 그날따라 인사하는 사람이 한 명도 없었다. 그날은 마음도 그래서 그랬는지 기분이 더 가라앉았다. 사장이라는 사실을 떠나서 내가 이 회사 직원 맞나 싶었다. 나에게 '당신이 먼저 가서 인사하면 되는 것 아니냐?'고 말할 수도 있다. 맞다. 하지만 기분이 가라앉은 날은 그런 생각이 들지 않는다.

그날은 작정하고 임직원을 불러서 인사법을 정비하자고 제안했다. 누구나 편하게 인사할 수 있는 방법이 좋을 것 같다는데 의견을 모았고 고민과 고민을 거듭한 끝에 생각해낸 게 바로 '굿모닝'이다.

하지만 한국에서 더군다나 고집스런 기술자들이 많은 구두 회사에서 '굿모닝' 인사가 정착되는 데까지 시간이 꽤나 많이 걸렸다. 다들 습관이 안 돼 있고 영어로 인사를 한다는 사실이 쑥스러워서인지, 내가 있을 때만 '굿모닝'으로 인사했다. 직원들은 '조금 하다가 말겠지'라고 생각했는지 모르지만 내 의지는 확고했다. '굿모닝' 인사를 계속 사용하게 했고 시간이 지나자 '굿모닝' 인사가 자연스러워졌다.

"굿모닝!"

"굿모닝!"

말문이 트이자 '안녕하세요'보다 훨씬 경쾌했다. '안녕하세요'처럼 '~요'로 끝나는 문장은 입꼬리가 처지는 데 반해 '굿모닝'은 입꼬리가 올라가면서 경쾌한 소리가 나왔다. 또 딱히 존댓말이나 반말도 아니다 보니 인사를 주고받으면서 은근히 가까워지는 느낌이었다. 나는 개인적으로 우리 회사가 글로벌 시장에 진입하게 됐다는 신호처럼 들리기도 했다.

단순히 '소리'만 경쾌해진 게 아니었다. 실제로 '굿모닝' 인사를 통해 회사에 많은 변화가 일어났다. 말단 직원들도 나를 보면 '굿모닝'을 외치고 자기 일상을 편하게 이야기하기 시작했다. 위아래가 없는 인사말을 주고받으면서 격과 권위가 사라지기 시작한 것이다.

수평으로 소통하라

영어가 좋은 점은 그런 것 같다. 존댓말이나 반말이 따로 나뉘어 있지 않다 보니 연배가 높은 사람에게도 말을 거는 게 부담스럽지 않다는 점. 대화가 쉽게 오갈 수 있다는 점. 커뮤니케이션에서 굉장한 강점이 되는 언어인 셈이다.

우리 회사도 영어 덕을 톡톡히 봤다. '안녕하세요?'를 '굿모닝'으로 바꾸었을 뿐이지만 소통지수는 굉장히 높아졌다. 버릇대로 늘하던 인사에서는 특별함을 느끼기 힘들지만 억지로라도 인사말을바꾸고 나면 한동안 스스로나 상대방이 신선하게 다가온다. 상대방에 대해 한 번 더 생각하게 되고 소통의 역할을 해주기 시작했다. 우리 회사 직원들은 모두 '동료' 같은 느낌이 들기 시작했다.

우리 회사에는 나에게 구두 기술을 처음 가르쳐준 작은아버지와친형이 근무하고 있다. 이 두 사람이 '굿모닝' 인사를 정착시키는데 가장 큰 난관으로 작용했다. 솔직히 말하면 나도 그들에게 '굿모닝'이라고 인사하는 게 쉽지 않았다. 그들도 힘들기는 마찬가지였다. 하지만 우리가 하지 않으면 다른 직원들에게 강요할 수 없었다.

하루는 작정하고 두 사람에게 '굿모닝'을 날렸다. 그래도 답례를안 하길래 "사장이 하는데 왜 친인척이 못하냐!" 하고 따졌다. 더이상은 어쩔 수 없게 됐다는 듯이 작은아버지는 잔뜩 쑥스러운 목소리로 '굿모닝'이라고 했다. 나도 웃음이 나왔고 작은아버지도 웃었다. 그 순간 정말로 작은아버지와 한층 가까워진 느낌이었다.

요즘에는 한발 더 나아가 부서별로 '스피치로 시작합시다'란 시간을 갖고 있다. 매일 아침 일을 시작하기에 앞서 한 사람씩 이야기를 한다. 소재는 제한을 두지 않는다. 대부분 자신이 가장 좋아하는 것, 감동 받은 일, 책에서 읽은 문장 등을 이야기한다. '스피치로 시작합시다'를 하다 보니 서로 소통도 하게 됐고 일을 하는 데도 더 능동적으로 하게 됐다. 사람은 누구나 자신의 생각을 말로 표현하다 보면 자연스럽게 능동적으로 바뀌게 된다.

어느 조직이든 소통이 안 되면 목표를 이룰 수 없다. 조직원들 간 소통이 스트레스가 돼서도 안 된다. 인사법을 바꾸는 것은 습관을 바꾸는 일이라 시간이 꽤 걸렸다. 하지만 결과적으로 효율적인 소통 문화 만들어내는 데 크게 기여했다. 사실 소통만 제대로 되고 마음가짐만 똑같이 튜닝이 되면 회사는 저절로 돌아간다. 우리는 인사 하나로 중요한 문화를 얻은 셈이다.

우리 회사는 언제나 '좋은 아침'이다.

노력 없이는 배울 수 없다. 네가 최선을 다하지 않는다면
세상의 어떤 선생님도 너를 학자로 만들 수 없다.
— 다니엘 웹스터, 미국 정치가

약속은 무조건 지켜라

결국은 약속이다. 기업의 생명이자 성공의 열쇠가 되는 것. 그래서
고객과, 거래처와, 직원들과 약속은 반드시 지켜야 한다. 약속이 지
켜지지 않으면 살아 있는 기업이라고 할 수도 없다. 손해를 보더라
도 약속은 지킬 줄 알아야 한다.

신의를 중요하게 여겨라

'(주)원길[안토니오제화(주)]'이라는 이름으로 처음 법인을 세운
게 1994년 3월이니 법인 나이도 벌써 19년이 넘었다. 그동안 많은

어려움이 있었지만 그래도 계속 성장을 이뤄왔다. IMF 시절 몇 년을 제하고는 직원 수나 매출이 계속 증가했다. 구두라는 전통사업에서 이처럼 꾸준한 성장을 이룬 회사는 흔치 않다.

"도대체 안토니라는 회사의 경쟁력은 무엇입니까?"

사실 이 질문을 받을 때가 대답하기 가장 힘들다. 기술위주, 고객중심, 철저한 품질 관리 등을 이야기할 수는 있지만 그 모든 걸 하나로 꿰뚫는 단어가 필요하다. 단 한 가지를 이야기해야 한다면 경영진과 직원 사이에 쌓인 '신뢰'를 들겠다.

나는 직원들 앞에서 뱉은 말은 무슨 일이 있어도 지킨다. 하물며 '우리 언제 술 한잔하자'라는 식의 상대방조차 기대하지 않는 약속까지 칼처럼 지킨다. 이처럼 모든 약속을 철저하게 지키다 보니 직원들이 나를 신뢰하기 시작했고 조직이 단단해졌다.

약속을 철석같이 지키다 보니 에피소드들도 많다. 내가 죽기를 각오했을 정도로 힘든 시기에 자금 문제를 풀어준 선배에게는 돈을 빌릴 당시 지나가는 말로 '나중에 성공하면 최고급 자동차 선물하겠다'고 말한 적이 있다. 그 역시 그냥 하는 소리로 들었을 것이다. 하지만 나는 그 약속을 17년 만에 지켰다. 또 있다. 미국 현지에서 일을 도와준 지인에게 '차 바꿔주겠다'고 말한 적이 있었는데 그 약속 역시 지켰다.

술자리에서 했던 말을 지키려고 직원을 승진시켜준 경우도 있다. 워낙 일을 마음에 들게 잘해서 취중에 '승진시켜주겠다'고 말한 적이 있다. 그런데 그날 술을 너무 마셔서 정작 그 말을 한 나는 그 사실을 까맣게 잊고 있었다. 그 친구가 며칠 후 나에게 찾아와

'약속 지키셔야 합니다'라고 말했을 때도 '무슨 약속?'이라고 되물을 정도였다. 그 친구는 당시 정황을 차근차근 설명해주었다. 설명이 구체적이어서 맞는 것 같았다. 그래도 확인이 필요했다. 회식 자리에 함께 있었던 다른 직원들에게 확인해보니 사실이었다. 평사원이었던 그 친구를 주임으로 승진시켜주었다.

워낙 딱 부러진 친구여서 나중에 영업이사까지 했고 지금은 광주와 순천에 안토니 대리점을 내고 사장이 돼 있다. 술김에 한 약속이지만 허튼 약속은 아니었다. 취중에도 사람을 정확하게 보고 했던 약속이었던 셈이다. 어쨌든 술자리 약속까지 지켜야 한다는 게 나의 철칙이고 그 철칙 역시 정확하게 실천하고 있다.

우리 회사 직원들 중에는 근속년수가 18년이나 19년, 즉 회사법인 나이와 맞먹는 사람들이 많다. 내가 직원들을 마음으로 대하기는 하지만 그렇다고 우리 회사가 편한 회사는 아니다. 조직 관리가 철저하고 업무량도 많다. 매년 세우는 목표도 달성이 쉽지 않고 목표를 달성하지 못하면 도태될 수밖에 없다. 그럼에도 불구하고 어찌 된 일인지 우리는 매년 그 목표를 달성해왔고 직원들은 오랫동안 내 곁에 있어주었다.

"우리가 함께 일한 지 몇 년이나 됐죠?"

작업장을 돌다가 가족처럼 낯익은 직원이 있어서 그냥 한 번 물어봤다. 돌아오는 대답이 더 걸작이다.

"제가 회사에서 일한 시간이 사장님보다 많을 걸요. 사장님이 출장을 다닐 때도 저는 회사를 지키고 있었으니까요. 우리 회사의 역사만큼이 제가 일한 시간입니다."

한 마디 더 물었다.

"왜 이렇게 오래 다녔습니까? 딱히 좋은 회사도 아닌데."

"좋은 회사 맞습니다. 계속 성장하고 있잖아요. 이런 회사에서 일하는 게 늘 즐겁습니다."

특별히 대화를 나누지 않더라도 장기근속자들은 존재만으로도 든든하다. 특히 그들은 회사가 힘들 때 중심을 잘 잡아준다. 아랫사람들은 그들을 보면서 버티고 회사는 그렇게 위기를 넘기게 된다. 또 장기근속자가 많다는 것은 그 사실 그대로 회사의 수준을 이야기해주는 것이나 마찬가지다. 그들은 존재 자체가 우리 회사가 믿을 만한 회사라는 메시지를 전달해준다.

언제나 목표를 정하고 그것을 향해 달려가는 게 원래 내 성향이다. 참 힘들었을 텐데 십수 년째 나를 믿고 묵묵하게 자리를 지켜준 게 참 고맙다.

직원들과 이야기를 나누면 '사장님과 함께하면 안 될 게 없다고 생각한다'는 이야기를 많이 한다. 누군가는 '사장님의 추진력이 직원들에게 비전이 됐고 목표를 하나씩 이뤄가는 모습이 직원들에게 신뢰를 주었다'고 말한다. 이런 이야기를 들을 때마다 힘이 난다.

매년 세우는 매출 목표는 내가 직원들에게 보내는 약속이다. '약속은 무조건 지킨다'는 내 철칙은 그 목표도 이루게 해주었다. 그 과정이 직원들에게는 신뢰가 되고 회사의 성장을 일궈내고 있으니 더 이상 바랄 게 없다.

오픈 마인드가 중요하다

기술자들을 오래 데리고 있고 싶은 것은 제조 회사를 경영하는 사장이라면 누구나 갖고 있는 생각이다. 특히 제화 업계는 이직이 심했다. 나도 이게 늘 고민이었다. 그래서 기술자들을 붙잡아두기 위해 많은 노력을 기울인 것도 사실이다. 하지만 공무원 조직같이 낮은 이직율도 정상은 아니다.

기업 조직 전문가들은 외부 인력 유입과 이직이 순조롭게 진행돼야 건강한 조직이라고 말한다. 이직이 너무 없으면 '순혈주의'에 빠진다고 경고한다. 순혈주의란 가족처럼 서로 너무 잘 아는 사람들끼리 너무 오래 생활해서 조직의 문제점을 파악하지 못하고 칭찬하는 분위기만 남은 상황을 말한다. 우리 회사는 이직률이 굉장히 낮다. 거의 없다시피 하다. 하지만 순혈주의가 갖는 폐해를 갖고 있는 것도 아니다.

두 가지 측면에서 그렇다. 조직 측면에서 보자면 우리는 직원들에게 늘 회사의 문제점을 제기하게 하고 그 문제를 밖으로 드러내 해결하려 한다. 고객 의견 창구를 따로 개설하거나 정기적인 모임을 통해 직원들의 의견을 수시로 받는 게 대표적인 사례다.

조직원의 측면에서 보면 늘 자가발전을 유도한다. 우리는 1년에 한 번씩 연간 목표를 전 직원에게 받는다. 업무 목표와 개인 인생 목표를 세우게 하고 늘 공부하도록 지시한다. 그 목표를 지키지 못하면 회사와 약속을 지키지 못한 것으로 평가한다. 또 전 직원을 대상으로 미래의 자기 모습을 적어내도록 하고 있다. 단순하게 적는 게 아니다. 3년 후, 5년 후, 10년 후의 모습을 체계적으로 그리고 미래에 대한 구체적인 준비가 가능하게 한다. 이렇게 목표를 설정하면 일을 열심히 해야 한다는 동기가 부여된다. 스스로 노력할 수밖에 없는 분위기를 만들어내는 것이다.

이건 꼭 순혈주의에 빠지지 않게 하려고 세운 제도는 아니다. 스스로 노력하는 습관이 잡히면 자기 발전의 즐거움이 얼마나 큰지 알게 된다. 이런 분위기는 다른 직원들에게도 좋은 영향을 미치고 결국 기업의 발전을 이끈다.

좀 더 솔직히 말하면 우리 회사의 이직률이 낮은 이유 가운데는 사람에 대한 미련이 많은 나의 성향 탓도 크다. 나는 사람을 좋아한다. 사람 관계라는 게 다 그렇다. 만나는 것은 쉬워도 헤어지는 것은 굉장히 어렵다. 다들 사랑해보지 않았는가? 인연이 얼마나 쇠심줄처럼 강한지, 그것을 끊는다는 게 얼마나 잔인한 것인지 잘 알고 있을 것이다. 헤어지는 아픔을 겪느니 훈련시켜 발전시키는 게 몇 배는 더 낫다고 생각하고 열심히 도와준다. 그래서 도둑질하거나 거짓말하지 않는 한 절대로 쫓아내지 않는다.

인재는 키우면 된다

우리 회사는 동종 업계에서 직원들 처우가 가장 좋다고 소문이 나 있지만 입사가 어려운 것은 아니다. 가치관만 올바르고 성실하기만 하면 된다. 냉소주의자, 염세주의자, 성공 의지가 없는 사람만 아니면 모두 입사자격은 충족된 셈이다. 능력은 보지 않는다. 이

부분은 내가 얼마든지 채워줄 수 있다.

물론 우리 회사 직원이 되기까지 한 가지 어려움이 있기는 하다. 우리 회사가 대외적으로 많이 알려지다 보니 지원자들도 늘고 있다. 신규채용 규모가 정해져 있으니 경쟁률이 높아질 수밖에 없다. 그중에서도 개발부서 지원자가 특히 많이 늘고 있다. 원래 자리가 많이 나지 않는 부서인데다 내가 직원 선발에 신중을 기하는 부서여서 입사가 쉽지 않다. 회사의 미래가 달려 있는 곳이다.

하지만 월급은 생산부나 영업부가 더 많다. 그중에서도 영업부. 우리는 성과만큼 인센티브를 지급하는데 데이터를 보면 통상 영업부에 지급되는 인센티브가 많다. 그래서 연말이 되면 타 부서에서 영업부를 많이 부러워한다.

아무튼 좋다. 우리 회사는 늘 열려 있고 구두에 관심이 있는 사람이라면 언제든 우리에게 오면 받아줄 자세가 돼 있다. 나는 아주 모난 사람이 아니라면 멋진 인재로 변신시켜줄 자신이 있다. 누구든 좋다. 나에게 오라.

오늘날 리더십을 발휘하는 일이란 단순히 돈을 버는 것이 아니라 의미를 만드는 것이다.
— 존 실리 브라운, 제록스 수석 연구원

최고의 선물을 준비하라

'어떻게 하면 우리 직원들이 맛있는 식사를 할 수 있을까?'

이건 나에게 심각한 고민거리다. 사람은 기본적으로 잘 먹어야 한다. 잘 먹어야 즐겁고 즐거워야 일을 잘한다. 직원들이 잘 먹어야 좋은 구두가 나온다. 나는 직원들 끼니를 굉장히 중요하게 생각하고 최고의 맛을 선물하기 위해 각고의 노력을 기울인다.

"우리 회사 식당 음식은 정말 맛있어."

직원들에게서 이 소리를 자주 듣고 싶다.

함께 먹어라

나는 시간 날 때마다 직원들에게 요리를 직접 해준다. 그것도 대충은 아니다. 최고의 품질을 나누어준다.

제주도 산지에서 방어나 히라스 등을 공수해 싱싱한 회도 떠주고 그날 잡은 돼지의 삼겹살도 구해와 직접 구워준다. 소고기 스테이크도 해주려고 바비큐 그릴을 일부러 장만하기도 했다. 직원들이 맛있게 먹으면 그제야 나도 한 점 먹어본다.

이런 별미는 특별한 날 정해서 해주는 게 아니다. '요즘 좀 뜸했나?' 싶으면 재료를 구해다가 직접 해 먹인다. 그러니 직원들 입장에서는 별미 먹는 날을 순전히 '감'으로 예측해야 한다. 언젠가 한동안 일이 바빠서 고기를 안 구워줬더니 직원들이 '사장님 변했다'고 한마디씩 했다. 다들 별미 타임을 기다리는 모양이다.

회식을 회사에서 하면 장점이 많다. 밖에서 먹는 것보다 훨씬 푸짐하게 먹을 수 있고 원료가 좋다 보니 맛도 살아 있다. 더군다나 사장이 직접 요리를 해준다는 게 직원들에게는 감동일 수 있다.

내가 개발한 음식도 있다. 전복과 굴을 미나리 등 야채에 버무리는 전복 무침. 뭔가 색다른 음식을 만들 수 없을까를 고민하다가 직원들이 가장 먹고 싶어 하는 게 전복이라는 소리를 듣고 곧바로 만들어냈다. 직원들이 전복 무침을 맛보고는 완전히 반했다. 주방 아주머니까지 정말 맛있다고 배워갔다.

이렇게 별미를 만들어주다 보니 한 가지 문제도 생겼다. 직원들 기대치가 높아져서 평소 식당 반찬도 나쁘지 않은데 만족도가 떨어지기 시작한 것이다. 끼니마다 별미를 해줄 수도 없고 참 난감하게 됐다. 그렇다고 음식에 대한 기대를 저버리는 것은 사장이 할 일이 아니었다. 이런 고민 끝에 찾아낸 게 김치다. 끼니마다 올라가는 김치를 최고 품질로 만들어 직원들이 기대를 조금이라도 충족시켜주겠다는 생각을 한 것이다. 사실 김치만 맛있어도 식사 만족도는 많이 올라간다.

우리 회사는 가을이면 김장을 크게 한다. 매년 2,500포기 정도. 우리 직원들이 1년 동안 먹을 양이다. 물론 양이 중요한 게 아니다. 최고의 맛이 나와야 한다. 재료 선택부터 만드는 과정까지 심혈을 기울여 김치를 만든다.

우선 고향 당진에서 최고의 배추를 사온다. 가장 좋은 소금으로 절이고 계약 재배로 기른 최상품 고춧가루를 사용한다. 이게 끝이 아니다. 조금 과장해서 우리나라에서 가장 김치를 잘 담그는 우리 어머니가 김장의 전 과정을 진두지휘하고 김치 담그는 데 이력이 난 고양시 아주머니들이 기술자로 참여한다. 작업 기간은 꼬박 일주일이 걸린다.

이렇게 만들어진 김치는 회사 마당에 있는 컨테이너 냉장고에 차곡차곡 쌓인다. 이 냉장고도 김치를 위해 특수 제작했다. 직원들이 1년 동안 먹을 김치니 잘 간수해야 한다. 직원들도 말한다. '우리 회사 김치가 가장 맛있다'라고. 식사 만족도도 급상승했다. 우리 회사 김치는 미식가인 내가 먹어봐도 최고다.

가족까지 챙겨라

사랑은 받을 때보다 줄 때가 훨씬 행복하다고 했던가? 직원들에게 밥을 해주고 취미활동을 보장해주고 인센티브를 주고 이것저것 챙겨주다 보니 재미가 붙어서 더 해주고 싶은 마음이 생겼다. 직원들의 배우자까지 챙기기로 마음먹었다.

매년 초 결혼한 직원을 대상으로 '가족의 밤' 행사를 연다. 근사한 호텔 연회장을 빌려 직원들의 가족이 한나절이라도 즐거운 시간을 보내게 해준다. 이 행사에는 '가정사 에피소드' '신랑 자랑' '아내 자랑' 등 재미있는 발표 시간들이 많이 있다. 참석한 부부들은 다른 사람들의 이야기를 들으면서 남편을 이해하게 되고 '안토니'라는 회사를 다시 생각하게 된다.

이 행사는 나에게도 무척 고마운 시간이다. 기혼자의 배우자들을 볼 수 있는 거의 유일한 자리인 것이다. 이런 기회를 놓칠 수 없다. 직원 아내들에게 공식적으로 고마움을 이야기한다.

"그동안 남편 뒷바라지 잘해줘서 고맙습니다. 회사 발전 원동력이 바로 여러분들에게 있습니다. 자랑스러운 우리 사모님들 너무 감사합니다."

한 가정의 남편을 데려다 일을 시키는 입장에서는 그 가족들이 다 신경 쓰이고 고맙다. 그래서 별도로 시간을 내서 아부하는 시간을 갖는 것이다.

부부 사이가 안 좋으면 일이 손에 잡히지 않는다. 부부 사이에서는 싸우는 것도 필요하지만 심하면 안 된다. 너무 과하지 않게 되도록 싸우지 않고 지나가길 바란다. 그래서 나는 온갖 좋은 이야기는 다 꺼내놓는다. 그날만큼은 우리 직원들이 이 세상에서 가장 멋진 남편, 가장 멋진 아내가 된다. 멋진 남편, 멋진 아내가 회사에 와도 경쟁력이 생긴다. 또 이런 행사를 갖게 되면 배우자들의 회사에 대한 신뢰도 굉장히 높아진다. 이직률을 낮추는 데도 도움을 준다.

이 행사를 몇 차례 진행하다 보니 직원 가족들과도 많이 가까워졌다. 어느 직원 가족은 아이가 몇이고 아내 직업이 무엇인지 얼굴만 봐도 줄줄 생각이 난다. 직원들이 예뻐 보이는 것만큼 그의 가족 모두 사랑스럽다. 그들만 따로 모아서 정기적으로 맛있는 밥이라도 대접하고 싶다는 생각이 든다. 가족사랑 경영까지는 아니더라도 마음만은 꼭 전하면서 회사를 경영하고 싶다.

따뜻하게 위로하라

우리 사회에는 멘토가 없다고 한다. 특히 30대, 40대 남자들에게는 더욱 그렇다. 추종하고 싶은 롤 모델도 없고 일에 치여 사느라 힘들기만 하다. 집에 들어가도 누구 하나 위로의 말을 건네지 않는다.

"돈이나 많이 벌어와."

오히려 이런 소리나 듣는다. 어디서 희망을 찾아야 하는가? 보이지 않는다. 그들에게는 희망이 사치로 느껴진다. 그들에게 우선 필요한 것은 위로다.

구두 업계는 전통적으로 임금이 높지 않다. 그나마 우리 회사는 일반 기업체 수준이다. 그래서 구두에 관심이 있는 사람들은 대부분 우리 회사에 먼저 지원한다. 그래도 대기업에 비하면 많이 부족하다. 그걸 알기 때문에 최대한 챙겨주고 연말 인센티브로 동기를 부여해주고 해외 연수도 보내주는 등 다양한 기회를 만들어주고 있다.

2012년만 해도 전 직원에게 균등하게 300퍼센트가 인센티브로 지급됐고 계속 성장단계에 있어서 앞으로 인센티브가 얼마나 더 커질지는 아무도 모른다. 모든 게 우리들 하기 나름이다.

이것 역시 일종의 위로다. 구두 업계 연봉이 전통적으로 약하다는 것이 커다란 약점이 될 수 있다. 돌파구를 찾아주고 희망을 주는 게 필요하다. 그래서 나는 늘 비전을 제시하고 구체적인 목표를 이야기한다.

직원들에게 회사가 필요한 만큼 회사도 직원들이 절박하게 필요하다. 그들이 잘해야 무엇이든 해낼 수 있다. 기업은 사장이 사라져도 직원들이 끌고 갈 수는 있지만 직원들 사기가 꺾이면 어떻게 해볼 도리가 없다. 직원들이 재산인 이유가 여기에 있다.

회사를 경영하면서, 아니 인생을 통틀어 가장 즐거울 때가 다른 사람들로부터 '직원들이 사장 자랑 많이 한다. 꼭 한번 보고 싶었다'는 소리 들을 때다. 그 순간만큼 희열을 느낄 때가 없다.

나는 밖에 나가면 무조건 우리 직원들을 자랑하고 다닌다.

"최고로 잘한다." "무엇을 맡겨도 믿음직하다." "멋있다."

억지로 하는 소리가 아니다. 정말로 자랑할 일이 많다. 그랬더니 그게 좋은 선물이 돼서 나에게 돌아온다. 직원들이 똑같이 밖에서 내 자랑을 한다. 직원이 사장 자랑하는 회사는 많지 않다. 그동안은 내가 직원들을 위로한다고 생각했는데 요즘에는 직원들이 나를 위로하고 있다.

나누고 더하라

얼마 지나지 않아서 그 쌍둥이 형제가 우리 회사에 찾아왔다. 굳이 회사까지 찾아올 필요가 없었는데, 그 형제는 감사의 말을 전해야 한다며 굳이 교통도 불편한 우리 회사까지 찾아왔다. 내가 놀란 것은 그들이 나에게 꺼낸 말 때문이었다. 그 형제는 내가 준 장학금을 받지 않겠다고 했다. 오히려 자신이 소속돼 있는 해병대에 기부해서 우리 군의 발전에 조금이라도 도움이 되도록 해달라고 했다. 내가 태어나서 만난 가장 멋진 군인이었다. 사실 보험을 깨는 일은 나에게 자주 일어나는 일이다. 또 한 번은 꽤 오랜 기간 낸 보험 깨서 아너 소사이어티에 1억을 기부하며 가입했다. 그 돈은 사회를 위해 잘 쓰일 것이다. 내가 이처럼 보험을 종종 깨는 것은 내가 늙어서 쓰는 것보다 한 살이라도 젊었을 때 의미 있게 쓰는 게 낫다는 생각 때문이다.

불타는 열정 한 걸음 한 걸음이 모여
꿈을 이룬다

이웃을 돌아보라

"사장님이시죠?"

어느 날 현장 분위기를 보려고 어느 매장에 나갔는데 마침 구두를 보러 온 한 고객이 알은체를 했다.

"바이네르 구두가 싼 건 아니에요. 그래도 저는 여기 구두만 삽니다. 사장님이 구두를 팔아서 좋은 일 많이 한다는 것 잘 알고 있습니다. 이 구두를 사면 저도 좋은 일 하는 것이나 마찬가지죠? 저는 이런 생각으로 안토니 구두를 계속 삽니다."

너무 감사하다. 혹자는 좋은 일은 아무도 모르게 하라고 하지만 요즘은 그런 시대가 아니다. 선행은 많이 알려서 누구든지 동참할 수 있게 만드는 게 더 중요하다. 이 손님의 말처럼 간접적이긴 해도 우리 구두를 사면 사회복지단체를 돕는 일이 되기도 한다. 우리 회사는 매년 5억 원 이상 사회에 봉사하고 있다. 사회 기부 금액은 순차적으로 늘리고 있다. 혹시 회사 수익이 줄어들더라도 이 원칙은 지킬 것이다.

나누는 사람이 이긴다

내가 고아원이나 양로원에 기부를 하고, 형편이 어려운 학생들에게 장학금을 주고, 어르신들 모시고 효도 잔치를 여는 게 언론을 통해 많이 알려지다 보니 어떤 분들은 오해도 한다. 마케팅을 위한 활동이라고 생각하는 것이다.

내가 어려운 사람들을 돕고 젊은 친구들을 후원하는 것은 판매에 도움을 받기 위해서가 아니다. 그럴 것이었으면 구두를 팔 때 아예 '판매 금액의 일부가 사회 봉사 기금으로 쓰입니다'라는 문구를 넣었을 것이다. 순수하게 공익을 생각해서 하는 일들이다. 그걸 고객들이 알아주고 상품을 사주는 것은 그저 고마운 일일 따름이다.

사실 나는 마케팅을 위해 그런 일들을 한다는 소리를 들어도 별로 기분이 나쁘지는 않다. 사실과 다르지만 그러면 또 어떤가? 어려운 사람 돕는 일이야 많으면 좋은 일 아닌가? 나는 제발 마케팅 수단이라도 좋으니 많은 기업들이 돈을 벌면 쌓아두지 말고 사회를 위해 썼으면 좋겠다.

우리 회사 지분은 대부분 내가 가지고 있다. 회사 수익금 관리는 전적으로 내 판단에 달려 있다. 내 철학은 '돈을 쌓아두지 않기'와 '공익 생각하기'이다.

기부? 돈이 많아서 하는 것 아니다. 회사 수익이 남아돌아서 하는 일은 더더욱 아니다. 세상은 나 혼자 살 수 없는 곳이라는 것을 잘 알고 있기 때문에 내가 덜 가져가더라도 '함께 행복하기'를 실천하고 있을 뿐이다.

땀 흘려 벌어서 멋지게 써라

회사 규모를 아는 많은 사람들은 주식시장에 상장하라고 권유를 한다. 회사를 키우려면 많은 자본이 필요할 텐데 왜 간단한 방법을 택하지 않느냐는 것이다. 이유는 간단하다. 자본에 좌지우지되는 게 싫어서다.

주식시장에 들어서면 어쩔 수 없이 자본의 지배를 받아야 한다. 회사 경영에 일관성을 유지하기 힘들다. 남의 돈이 필요하지 않다면 굳이 상장해야 할 이유가 없다고 생각한다. 우리 주식을 시장에 상장시키면 내가 지금 하는 일도 대부분 하지 못할 것이다. 회사 수익으로 어려운 사람을 돕거나, 재난 재해에 성금을 내는 일들까지 주주들에게 일일이 검토를 받고 진행해야 한다. 그러다 보면 스트레스 받아서 내 행복지수도 급격하게 떨어지고 말 것이다.

상장을 하고 수익금을 배당하는 일은 사실 돈 많은 사람들을 더 부자로 만드는 일과 다르지 않다. 내가 돈을 버는 이유 중에는 어려운 사람 돕겠다는 게 중요한 부분이다. 그런데 왜 돈을 벌어서 다시 부자들에게 돌려줘야 하는가? 나는 돈 없는 사람에게 멋지게 쓰고 싶은 사람이다. 왜 굳이 상장을 해야 하는가?

나는 돈을 쌓아두지는 않았지만 부족한 것도 아니다. 지금 상태가 좋다. 여기서 욕심을 부려서 머니 게임을 시작하다 보면 회사에 다른 불편함을 줄 수도 있다. 우리 회사는 품질과 신뢰가 생명이다. 주식을 통한 머니 게임은 어울리지 않는다.

물론 어쩔 수 없는 상황이 생길 수도 있다. 계획대로 우리 회사가 세계적인 기업이 되면 주식 시장 상장은 피해 갈 수 없는 일이 될 것이다. 하지만 그것 역시 그 시기가 됐을 때 생각할 일이지 지금은 아니다. 직원들 인센티브 역시 수익을 나눠주면 되지, 굳이 스톡옵션을 활용할 필요는 없다. 직원들 처우에 대한 고민은 따로 많이 하고 있다.

'나중'으로 미루지 말고 '당장' 개선하라

나는 '신고'를 잘한다. 고속도로를 달리다가 길 위에 뭔가 떨어져 있으면 바로 경찰서에 전화를 걸어 조치를 요청한다. 고속도로 장애물은 언제나 사고 위험을 안고 있기 때문이다. 길을 걷다가 가로등이 기울어져 있거나, 전선이 위험하게 걸려 있거나, 심지어 개가 주인 없이 배회하고 있어도 '주인 찾아주라'고 신고를 한다.

서울에서 일산으로 들어가다 보면 상습 정체 구간이 있다. 장항

IC에서 시내 쪽으로 향하다가 만나게 되는 뉴코아백화점 사거리가 바로 그곳이다. 그곳은 일산으로 들어가는 관문인데 늘 막히는 게 참 못마땅했다. 그 길이 시원하게 뚫려 있어야 일산의 이미지도 올라가고 외지인이 일산 오는 걸 좋아할 것 아닌가.

하루는 신호 체계를 개선해달라며 일산 경찰서에 전화를 걸었다. 첫 번째 들은 대답은 '시스템이 복잡해서 개선하기 힘들다'였다. 안 되겠다 싶어서 아예 경찰서를 찾아가서 서장에게 면담을 요청했다.

"뉴코아백화점 사거리 길 좀 뚫어주세요. 내 생각에는 신호체계만 고치면 될 것 같으니 한 번 조사해주세요. 이거 개선하면 그 담당 경찰에게 100만 원 상금 드릴게요."

서장은 내 의견을 신중하게 받아들였다. 그리고 며칠 후, 서울에서 일산으로 들어가는데 그 길이 훤히 뚫렸다. 벌써 조치를 취했나 싶었는데 마침 경찰서에서 전화가 왔다. 서장이었다.

"사거리 한 번 지나가 보세요. 조치를 취했습니다."

"그렇지 않아도 지금 그 길을 지나왔습니다. 신속하게 처리해주셔서 감사합니다. 약속대로 100만 원 포상금으로 드릴게요."

"돈은 무슨 돈입니까? 개선해야 할 것 지적해줘서 우리가 고맙습니다."

나중에 이야기를 들어보니 담당 경찰관 몇 명이 며칠 동안 통행 차량 수를 조사해서 신호 시간을 조절했다고 한다. 차량 수가 너무 많거나 애초에 길이 너무 비좁은 경우를 제외한 상습 정체 구간은 관리 부주의가 원인인 경우가 많다. 이 정도는 개선할 수 있다. 다만 누군가가 담당자에게 이야기를 해줘야 한다.

"그건 그렇고 언제 한 번 우리 경찰서에 와서 강연 좀 해주십시오. 우리 경찰들은 대표님처럼 개선 사항을 적극적으로 이야기하는 시민의 이야기를 들어야 합니다. 부탁합니다."

서장의 부탁으로 일산 경찰서에서 특별 강연도 했다. 나는 경찰들에게 '열심히 사업할 수 있게 사회 질서를 지켜줘서 고맙다'고 말했고 경찰들은 '좋은 의견 주셔서 감사하다'고 답했다.

우리는 사회공헌을 너무 큰일로 생각하는 경우가 많다. 양로원이나 고아원에 기부하는 것도 '나중에 여유가 생기면 하겠다'고 말한다. 그 '나중에'는 좀처럼 찾아오지 않는다. 작은 것이라도 좋으니 바로 지금 시작하는 게 중요하다.

사실 사회를 위해 무슨 일을 한다는 것도 그렇게 표현해서 거창해 보이지만 작은 실천으로도 얼마든지 할 수 있다. 길을 걷다가 맨홀 뚜껑이 흔들리는 걸 느끼면 그냥 지나가지 말고 신고하자. 그 신고 하나로 생명을 구할 수도 있다.

심리학자 A. E. 위감 박사의 보고에 따르면
능력 부족으로 실패한 사람은 10퍼센트에 불과하지만
인간관계의 잘못으로 실패한 사람은 90퍼센트가 넘는다고 한다.
직장인이 갖는 제1의 관심사는 인간관계다.
— 조관일, 『인간관계를 지배하는 9가지 법칙』

복은 귀인이 가져다준다

나는 원래 호기심이 많은 사람이다. 새로운 것이 눈에 띄면 무조건
달려가서 '무엇에 쓰는 물건'인지 알아낸다. 이런 호기심은 물건보
다도 사람에게 더 많이 느낀다. 원래 친분이 있는 사람은 당연한
일이고 우연히 알게 된 사람도 참 궁금하다. 그래서 처음 만난 사
람과 몇 시간씩 이야기를 나누기도 한다. 가끔은 이처럼 우연히 시
작된 만남이 깊은 인연이 되기도 한다.

세상 모든 사람이 친구가 될 수 있다

퇴근하고 집에 돌아와 간만에 한가한 저녁을 즐기고 있었는데 고향 친구에게서 술 한잔하자는 전화가 걸려왔다. 마침 특별한 약속도 없어서 흔쾌히 응하고 약속장소로 가기 위해 택시를 탔다.

차에 올라탈 때까지는 몰랐는데 자세히 보니 운전기사 외모가 예사롭지 않았다. 파마를 한 듯 구불거리는 머리카락은 어깨 근처까지 내려와 있었고 꽃문양이 그려져 있는 의상도 화려하기 그지없었다. 한마디로 예술가 냄새가 났다. 차 안에 퍼지고 있는 음악도 오페라였다.

"아저씨 멋지시네요. 어떤 음악입니까?"

"아, 이거요. 오페라 「돈 조반니」입니다. 실은 제가 클래식을 전공했거든요. 한 곡 불러드릴까요."

그 운전사는 진짜로 오페라를 불렀다. 생전 듣도 보도 못한 노래였다. 누군가의 노래를 차 안에서 직접 들어보기는 난생처음이었다. 밤이어서 그랬는지, 공간이 색달라서 그랬는지 그의 노래가 참 근사하게 들렸다. 노래가 끝나자 나도 모르게 박수를 쳤다. 택시 안이라는 사실을 잠시 잊고 있었던 것이다.

"참 근사합니다. 손님에게 노래를 종종 불러주시나 보죠."

"아닙니다. 저도 처음 해봤습니다. 손님이 들어보고 싶어 하는 것 같아서 불렀습니다."

그의 노래가 너무 아까워서 한 가지 부탁을 했다. 두 시간쯤 후에 노래방에 와서 노래를 불러달라는 내용이었다. 택시 기사는 흔쾌히 그렇게 하겠다고 했다. 친구들과 만나 술을 마셨고 노래방에 친구들을 데리고 가서 정말로 그 택시기사를 불렀다. 그는 정말 바람처럼 나타나서 노래를 멋들어지게 불러주었다. 우리는 넋이 빠진 채 그의 노래를 감상했다.

택시 기사도 무척 행복해했다. 한동안 노래를 부르지 않았는데 이제는 한 사람이라도 듣고 싶어 하는 사람이 있으면 부르기로 했다는 이야기도 했다. 그가 바쁜 업무를 마다하고 노래방에 온 것은 내가 관심을 보여주었기 때문이지 다른 것을 바라서가 아니었다. 그는 우리와 어울리는 내내 행복한 표정이었다.

스스로 행복한 일을 만들어라

얼마 전 서울로 가는 KTX를 타기 위해 지방의 어느 기차역에 갔을 때 일이다. 그날따라 대합실에 군인들이 많았다. 모두 병장들이었다. 예전 같았으면 무심코 지나쳤겠지만 큰아들이 군에 입대한 이후부터 군인만 보면 괜히 정겹다. 마침 우리 아들 또래로 보이는 병장 여섯 명이 우연히 나와 같은 칸에 탔다. 그들에게 다가가 말을 건넸다.

"휴가 가나 보네."

"오늘 전역하는 날입니다."

"우리 아들도 특수부대 있어. 입대한 지 얼마 되지 않았지. 힘들 텐데 잘 버티고 있나 보더라고. 지난번에 전화 통화했는데 낙하산 한 번 뛰면 14만 원 준다고 자랑하는 거야. 참 대견하더라고."

장병들에게 군 생활에 대해 알은체를 했다. 무슨 이야기든 하고 싶어서 그랬다. 내가 관심을 가져주니까 그 장병들도 내 질문에 즐겁게 대답해주었다. 전역하는 날인데 무엇인들 즐겁지 않으랴. 그 장병들과 시간 가는 줄 모르고 대화를 나눴다.

"여기가 어디지?"

시간이 한참 지난 것 같아서 창밖을 내다보니 곧 서울이었다. 나는 그냥 헤어질 수가 없어서 전역 기념으로 회식이나 하라며 지갑에 있는 현금을 다 꺼내주었다. 그 군인들은 정말 좋아했다.

자식을 군에 보낸 부모들 마음이 다 그렇겠지만 정말 군인들은 아들 같다. 모두 자랑스럽고 잘 챙겨주고 싶다. 이런 생각에 군인들만 보면 무조건 준다. 특히 식당에서 만나는 군인은 무조건이다. 식사를 끝내고 돈을 내려는데 이미 계산이 끝나 있다는 소리를 듣는다면 그건 내가 계산했을 가능성이 높다. 그것도 버릇이라고 이제는 군인뿐 아니라 의경, 전경, 경찰관들의 식사비도 슬쩍 계산해주고 식당을 나온다.

참 별나다 싶기도 하겠지만 그 행복이 적지 않게 크다. 이것도 나에게는 하나의 이벤트이고 하나의 인연 만들기이다. 꼭 누구를 만나고 그 자리에서 무엇을 해야 인연은 아닌 것이다. 군인들이나 경찰들에게 밥을 대접하는 것은 내가 행복해서 하는 일이다. 그들이 나와 만남을 통해 좋은 추억을 갖게 되면 그것으로 됐다.

지금 만난 사람이 귀인이 될 수 있다

1993년 시장을 석권할 구두를 찾는다며 혈혈단신으로 밀라노 미캄 구두박람회에 찾아갔을 때 일이다. 회사는 부도 직전이었다. 마음에 드는 구두가 있으면 바로 계약을 맺어야 하는 상황이었다. 구두 보는 안목이야 누구보다 자신 있지만, 이탈리아어를 한마디도 할 줄 모르는 사람이 할 수 있는 일은 아무것도 없었다. 이탈리아에 도착하자마자 여행사에 통역을 요청했다. 그렇게 나에게 찾아온 통역 담당은 스물세 살 현지 유학생이었다.

처음에는 어린 나이 때문에 통역을 잘할 수 있을지 걱정을 많이 했다. 계약금을 협상하거나 중요한 결정을 전달할 때 통역사가 실수라도 하는 날이면 좋은 기회를 날릴 수 있다. 하지만 며칠 동안 함께 다니면서 그런 걱정은 그야말로 기우에 지나지 않는다는 것을 알게 됐다. 지시를 내려주면 그게 크든 작든 끝까지 해결해내는 당찬 여성이었다.

그 여학생은 박람회 현장에서 바이네르 구두 3,000켤레 수입 계약을 맺을 때나, 6개월 동안 지속적으로 코디바 사와 만나면서 바이네르 라이선스 계약을 체결할 때까지 모든 실무를 도맡아 처리했다. 나이는 어리지만 얼마나 당차던지 라이선스비 없이 바이네르 브랜드를 사용하도록 협상을 이끌기까지 했다.

"우리를 통해 바이네르가 더 유명해지고 한 단계 도약할 수 있어요."

그녀는 기대치에 불과한 사실을 가지고 자신감 하나로 상대를 계속 설득한 것이다. 나중에 그런 자신감은 현실이 됐다. 바이네르는 현재 국내 톱 브랜드다. 그 인연이 계기가 되어서 그녀는 우리 회사에 입사했고 20년 가까이 근무했다. 세상의 인연은 이처럼 대단하다.

사람의 가치를 생각하라

2010년 11월 연평도 포격 사건이 벌어지고 얼마 지나지 않아서 일어난 일이다. 미국에서 유학하던 쌍둥이 형제 두 명이 다니던 대학에 휴학계를 내고 군부대에 전격 입대했다는 이야기를 신문을 읽고 알게 되었다. 그 형제의 행동이 마치 나라를 지키려는 유대인들처럼 멋있어 보였다. 나는 그 기사를 쓴 언론사 기자를 통해 두 형제와 연락을 취했고, 천만 원씩 장학금을 지급했다. 노후에 쓰려던 보험 하나를 깨서 그들에게 주었다. 내 보험은 사라졌지만, 보험을 가장 가치 있게 쓴 일이라고 생각한다.

얼마 지나지 않아서 그 쌍둥이 형제가 우리 회사에 찾아왔다. 굳이 회사까지 찾아올 필요가 없었는데, 그 형제는 감사의 말을 전해야 한다며 굳이 교통도 불편한 우리 회사까지 찾아왔다. 내가 놀란 것은 그들이 나에게 꺼낸 말 때문이었다. 그 형제는 내가 준 장학금을 받지 않겠다고 했다. 오히려 자신이 소속돼 있는 해병대에 기부해서 우리 군의 발전에 조금이라도 도움이 되도록 해달라고 했다. 내가 태어나서 만난 가장 멋진 군인이었다.

사실 보험을 깨는 일은 나에게 자주 일어나는 일이다. 또 한 번은 꽤 오랜 기간 낸 보험 깨서 아너 소사이어티에 1억을 기부하며 가입했다. 그 돈은 사회를 위해 잘 쓰일 것이다.

내가 이처럼 보험을 종종 깨는 것은 내가 늙어서 쓰는 것보다 한 살이라도 젊었을 때 의미 있게 쓰는 게 낫다는 생각 때문이다. 돈은 단순한 숫자가 아니다. 언제 어느 순간에 사용하느냐에 따라 가치가 달라진다. 나는 재산을 많이 모은 사람은 아니지만, 내 돈이 가장 가치 있게 쓰이길 바란다. 그래서 자꾸 보험에 가입하고 자꾸 보험을 깨는 것이다.

앞으로도 보험을 깨는 일은 자주 일어날 것이다.

성공의 열쇠는 사람에게 있다

기업을 경영하려면 다양한 분야의 인력이 필요하다. 수많은 부서를 만들고 인력을 채용하는 것도 그 때문이다. 그럼에도 불구하고 완벽한 시스템을 갖추기란 불가능하다. 비용 효율성이 떨어지기 때문이다.

결국 회사에 없는 부서는 외부에 따로 두고 필요할 때마다 도움을 받아야 한다. 이게 다 사람 관계에서 풀어야 하는 문제들이다.

사업을 하는 사람치고 인연을 소중하게 여기지 않는 사람은 없을 것이다. 처음 명함을 주고받은 이후에는 관리도 철저히 해야 한다. 언제 내가 급해져서 도움을 청하게 될지 모르는 일이기 때문이다. 특히나 사업하는 사람은 외부에 도움을 요청할 일이 많다. 한 사람 한 사람 소중하지 않은 사람이 없다.

사업에 성공하기 위해서는 사람 만나는 일을 즐길 줄 알아야 한다. 그걸 귀찮아해서는 답이 없다. 사업이란 어차피 사람들과 어울려서 좋은 결과를 만들어내는 일이다. 모든 인연을 소중하게 생각할 줄 알아야 한다. 사람이 답이다.

승리하는 군대는 먼저 이겨놓고 뒤에 싸운다.
패배하는 군대는 싸움을 먼저 시작하고 뒤에 이기려 한다.
— 손자, 중국 춘추시대 전략가

항상 씨앗을 뿌려라

"스스로 어떤 사람이라고 생각하십니까?"

누가 나에게 이런 질문을 던지면 나는 이렇게 답한다.

"나는 항상 수확하는 사람입니다."

실제로 나는 늘 거둬들이는 사람이다. 남들은 추수철에만 수확을 하지만 나는 항상 한다. 이유가 있다. 수확은 저절로 할 수 있는 게 아니다. 씨앗을 뿌려야 한다. 늘 수확하기 위해서 늘 씨를 뿌려야 한다. 나는 늘 씨를 뿌리고 있다.

따지고 보면 이 세상 모든 사람들은 수확을 위해 일을 한다. 그게 농산물이든 월급이든 상장이든지 간에 거두기 위해 일을 하고 수확의 기쁨을 가장 큰 즐거움으로 알고 산다. 하지만 살아가다 보면 거두는 즐거움보다 뿌리는 즐거움이 더 크다는 걸 알게 된다.

뿌리는 즐거움은 부동산 투자나 주식 투자 등을 통해서 얻을 수도 있지만 나는 특별히 수확을 기약할 수 없는 일에 뿌리는 기쁨을 더 많이 느낀다. 기부, 봉사 활동, 장학 사업 등이 대표적이다. 사회에 돈을 기부하는 일들은 단순히 내 돈을 남에게 주는 행위가 아니다. 도움을 받은 사람들이 잘돼서 나중에 좋은 일을 하라고 씨를 뿌리는 것이다. 내 주위에서는 실제로 그런 일들이 벌어지고 있다. 내가 장학금을 준 학생들이 사회에 진출했다는 소리가 들려온다. 사회 봉사 활동도 적극적이라고 한다. 좋은 사람으로 성장해줘서 고맙다.

이런 생각을 하다 보면 뇌에서 엔도르핀 나오는 소리가 들릴 정도로 즐겁다. 가끔은 '주는 즐거움이 마약보다 더 좋은 게 아닐까?' 하는 생각까지 한다. 시간이 지날수록 내 인생에서 비중이 커지는 것도 바로 그런 이유 때문이다.

미래를 위해 새싹을 돌보라

나는 골프 꿈나무 선정해 오랜 시간 동안 후원하고 있다. 그 친구들은 가정형편만 어려울 뿐이지 운동에 남다른 재능을 가지고 있다. 운동을 하고 싶지만 모두 어려운 환경에서 자라서 엄두를 내지 못하는 아이들이다 하지만 자신의 꿈을 이루기 위해 누구보다도 열심히 노력하고 있다. 기량도 높은 편이다. 이미 프로 선수들에게 버금가는 기량을 갖고 있다.

이 친구들을 후원하는 데는 비용이 많이 들어간다. 장비도 필요하고 코스 라운딩도 나가야 하고 레슨도 받아야 하며 연습장도 있어야 한다. 겨울에는 따뜻한 나라로 전지훈련을 떠나야 한다. 골프라는 스포츠는 어쩔 수 없이 돈이 들 수밖에 없다. 그래도 너무 열심히 따라오기 때문에 하나도 아깝지 않다. 이 4명은 분명히 세계 챔피언이 될 것이다.

"세계 챔피언이 되고 나서 우리들도 형편이 어려운 친구들을 다섯 명씩 발굴해 골프 세계 챔피언을 만들겠습니다."

그 친구들이 나에게 한 약속은 이것뿐이다. 나는 이것이면 충분하다. 그 친구들은 그냥 뽑힌 아이들이 아니다. 고양시로부터 추천을 받은 아이들 중에 '북한산 구보 테스트'를 거쳐 선발됐다. 뛰어서 북한산을 넘기란 어른들도 힘든 일이다. 그 친구들은 그걸 해냈다. 정신력이 좋다.

한 번은 내가 직접 하루 줄넘기 1,000번을 지시한 적이 있다. 체력을 끌어올리기 위해 시켰지만, 힘들지 않을까 한편으로 걱정도 했다. 그러나 다들 아주 가뿐히 끝냈다.

다른 훈련은 문제가 되지 않는다. 일산 근처에서 다 소화할 수 있다. 하지만 쇼트 게임 훈련은 힘들었다. 잔디가 많이 망가지기 때문에 골프장 필드는 연습용도로는 개방되지 않는다. 나는 아예 고양시 일대 밭 400평을 임대해 쇼트 게임 연습장을 만들었다. 골프 꿈나무들은 이곳에서 원 없이 연습할 수 있다.

세계 챔피언이 되는 것은 아이들에게도 꿈이지만 나에게도 꿈이다. 돈만 부족하지 다른 모든 것은 우수한 아이들. 세계 최고의 선수를 만드는 일은 생각만 해도 가슴 벅찬 일이다.

골프 꿈나무를 지원하는 일은 물론 그 친구들을 돕는 일이다. 하지만 계속 지원하다 보니 나에게 오히려 도움이 됐다. 나는 그들의 지원금을 마련하기 위해 더 열심히 일한다. 그러다 보니 회사 수익이 늘어났다. 오히려 나에게 동기 부여가 되는 것이다. 더군다나 나는 이 친구들 때문에 너무 행복하다.

이 친구들이 골프 선수로서 조금씩 두각을 나타내기 시작하자 주변에서 "김 사장 최고야." "어떻게 그렇게 할 수 있어." 이런 소리를 많이 한다. 나는 아직 멀었다고 말하지만 그 소리 들을 때 기분이 참 좋다. 이런 게 수확이다. 사실 수확이라는 것은 우리가 으레 생각하듯이 눈에 보이는 게 아닐 때가 많다.

야망 없는 청춘은 모두 유죄다

"안토니 추월이 우리 꿈입니다."

"좋다! 사업에 도전해라. 아낌없이 후원하겠다."

대학생들을 대상으로 강연을 하는 것은 나름대로 이유가 있다. 처음에는 젊은 친구들에게 꿈을 심어주고 용기를 주기 위해서였지만 지금은 강연을 듣는 학생 중 몇 명을 진짜 사업가로 키우고 싶은 욕심이 생긴 것이다.

얼마 전에 내 강연을 듣고 찾아온 친구 중에 사업의 열의가 충만

한 학생 4명을 선정해 '비즈니스 꿈나무'라는 이름을 붙여주었다. 그들에게는 살아 있는 교육을 시켜주고 장학금도 줄 생각이다. 완벽한 멘토 역할을 해주고 있다.

사업을 시작할 때 필요한 것은 리더십, 명석한 두뇌, 조직구성력 같은 것들이 아니다. 그런 것들은 조직을 이끌어가면서 채울 수 있다. 먼저 필요한 것은 정신이다. 의지가 강하고 일을 꾸준하게 진행할 만한 지구력이 있어야 한다. 이런 게 갖춰져 있으면 사업을 해도 좋다.

내가 뽑은 비즈니스 꿈나무들은 정신력이 강하다. 그럼에도 불구하고 친구들에게 가장 많이 시키는 게 정신교육이다. 현재 비즈니스 꿈나무가 4명이지만 매년 조금씩 늘려서 10명까지 만들 생각이다.

내가 비즈니스 인재를 길러 내려고 하는 것은 이유가 있다. 젊은 친구들과 수차례 모임을 가지면서 요즘 젊은 세대의 특징을 어느 정도 파악하게 됐기 때문이다. 지금 20대는 우리 때와는 말할 것도 없고 10년 전 20대와도 너무 다르다.

특히 자신의 운명이 이미 정해진 것처럼 말하는 부분이 가장 충격적이었다. 부모에게 모든 것을 받고 자란 요즘 20대들은 이미 자신의 미래에 대해서도 부모와 함께 결론을 내린 것인지, 대체로 대기업 취업이나 공직자가 될 것이라고 이야기했다. 우리야 워낙 보고 자란 게 없어서 어쩔 수 없었지만 엄청나게 많은 정보를 접하면서 자란 세대들이 우리 젊은 시절보다 직업을 보는 폭이 좁다는 사실이 놀랍지 않은가?

이건 어찌 보면 너무 많은 정보가 준 폐해일 수도 있다. 자료가 많다 보니 이미 결론을 내놓고 있는 것이다. 누군가 바로 옆에서 자극을 주고 코치해주고 리드해주지 않으면 모험을 하려 하지도 않는다. 모험을 하면 할수록 세상살이가 힘들다는 것을 깨닫게 된다. 사업은 삶의 굴곡이 많을 수밖에 없고 성공할 가능성이 희박하기 때문에 안정적인 직장에 들어가서 월급 받고 사는 것을 최고의 삶이라고 생각하고 있다. 남자건 여자건 무조건 맞벌이를 해야 겨우 살아갈 수 있다고 생각하고 있다. 우리나라 20대들의 생각이 대체로 이렇다면 이건 정말 참담한 현실이 아닐 수 없다.

"정주영 회장님은 옛날이니까 그렇게 성공할 수 있었던 거예요. 지금은 안 돼요."

어느 강연에서 대학생들에게 '사업에 도전하라'고 말했더니 이런 대답이 돌아왔다. 그들의 생각을 깨워주고 도전의 즐거움에 대해 이야기해주지 않을 수가 없다. 정주영 회장보다 여러분들이 훨씬 더 많은 일들을 할 수 있고 그렇게 해야 한다고 말해줘야 한다. 비즈니스 꿈나무는 그래서 만들었다. 나는 멘토 역할을 하며 도와줄 것이다.

늘 새로워라

사람은 기본적으로 편안해지길 바라는 성향이 있다. 배가 부르면 눕고 싶은 것이다. 하지만 한 번 누워버리면 만사가 귀찮고 다시 일어나는 게 무척 힘들다. 사업이 잘될 때 눕지 말고 계속 달릴 수 있는 정신이 필요하다. 그 힘은 도전정신이다.

나는 회사 직원 모두가 도전정신을 한시도 잊지 않기를 바라고 있다. 그러나 사람이면 누구나 매너리즘에 빠질 수밖에 없고, 시시 각각 게으름의 유혹이 찾아온다. 그래서 나는 늘 직원들이 자각할 수 있는 프로그램을 만든다. 2012년에 시작한 번지점프도 바로 그 런 의미로 시작했다.

우리 직원들은 정기적으로 청평에서 번지점프를 한다. 번지점프 는 두렵다. 빌딩 옥상에서 지상으로 몸을 던지는 것과 마찬가지 행 동이다. 직원들도 처음에는 두려워했다. 점프대에 올라갔다가 그 냥 내려오는 직원들도 적지 않다.

번지점프 앞에 선 사람은 세 종류로 나뉜다. 고소공포증 때문에 도저히 못 뛰겠다고 말하는 사람은 '포기형'이다. 두 번째는 다른 사람도 하니까 나도 해야 한다는 '자존심형'이 있다. 마지막은 '즐 기는형'이 나온다. 번지점프를 즐기는 사람들은 점프대에서 떨어 지는 게 아니라 두 팔을 벌리고 하늘을 난다.

세상살이도 마찬가지다. 같은 하늘 아래 똑같이 사는 것 같지만 앞서 말한 세 가지 형으로 나뉜다. 무슨 일을 하면서 '나는 안 돼' 라고 말하는 사람이 있고, 될지 안될지 모르면서 무작정 하는 사람 이 있고, 일을 즐기면서 하는 사람이 있다. 결국, 성공하는 사람은 일을 즐기는 사람이다.

사실 번지점프가 막 즐기면서 할 수 있는 레저 종목은 아니다. 도전이 필요한 레포츠이다. 시도하기 전에는 넘기 어려운 산처럼 힘들지만 한 번 뛰어내리고 나면 생각이 바뀐다. 성취감도 생긴다.

"사장님 덕분에 매우 좋은 경험을 했어요."
"이제는 세상 살아가는 데 웬만하면 두려움 없이 해낼 수 있을 것 같아요."
"처음에는 두려웠지만. 큰일을 해낸 것처럼 뿌듯해요."

번지점프가 끝나면 직원들에게서 문자가 쏟아져 들어온다.

진정한 발견의 항해는 새로운 땅을 찾는 것이 아니라 새로운 눈을 갖는 것이다.
— 마르셀 프루스트, 프랑스 소설가

선의는 배신당하지 않는다

나에게는 두 명의 아들과 한 명의 딸이 있다. 회사에서 직원들 인재 만드는 데 이골이 나서인지 두 아들 키우는 데도 '실적 위주'로 진행한 측면이 있다. 중간 중간에 후회도 많이 했다. 두 아들 역시 나를 종종 원망했다. 하지만 성인이 되고 나서는 나에게 고맙다고 말한다.

자녀 키우기가 인재 키우기보다 힘들다

둘째 이야기부터 하겠다. 이 녀석은 타고나길 강골이었다. 운동이 어울리는 몸이었고 운동신경도 있었다. 내가 워낙 골프를 좋아해서 네 살 때부터 골프를 가르쳤다.

나는 누구를 한 번 가르치기 시작하면 대충이 없다. 새벽부터 밤 늦도록 훈련이었다. 프로가 되기 위해선 훈련밖에 없었기 때문이다. 마치 태릉선수촌에서 대표선수들 훈련시키듯이 강하게 키웠다. 그 성과는 일찍부터 드러났다.

초등학교 3학년 때 미국에서 열린 주니어 대회에서 1등, 고등학교 1학년 때 국가대표로 발탁돼서 지금은 KPGA 정회원이고 원아시아투어 Q스쿨을 2위로 통과해 프로선수로 활약하고 있다. 현재 대학교 4학년이다. 앞으로 반드시 세계 챔피언으로 키울 것이다.

이렇게 성과가 좋게 나오다 보니 나도 모르게 작은아들에게 애정과 관심이 집중됐다. 첫째에게는 맏이니까 알아서 클 것이라고 생각했다. 그게 오산이었다.

첫째가 중학교에 들어갈 무렵부터 이전에 하지 않던 행동을 했다. 어른 말도 듣지 않았고 특히 둘째와 함께해야 할 일이 생기면 경계를 하며 자리를 피했다. 다른 가족들은 못 느끼고 있었지만 성장하는 내내 피해의식을 가지고 살았던 것이다. 식구 중 한 명이 어긋나기 시작하니까 집안 꼴이 말이 아니었다.

이걸 어떻게 풀어야 할까? 이미 다그쳐서 될 일이 아니었다. 회사 일이라면 무엇이든 자신 있었지만 이건 도대체 어떻게 접근해야 할지 감이 오지 않았다. 첫째에게도 둘째만큼 관심이 있고 투자를 할 수 있다는 믿음을 주는 게 필요했다. 그래서 생각한 게 유학이었다.

"유학 한 번 가볼래? 아빠가 첫째 위해 돈 한 번 써볼까?"

그렇게 말했더니 처음에는 아예 집 밖으로 쫓아내는 줄 알고 더 난리를 쳤다. 그러다 학교에 다녀오더니 태도가 변했다.

"아빠, 진짜 유학 보내줄 거야?"

"네가 간다고 하면 보내주지."

유학은 유학이고 태도가 180도 바뀐 게 이상해서 물어보니 학교 친구들에게 유학 이야기를 꺼냈더니 다들 '그렇게 멋진 아빠가 있어'라며 부러워했다는 것이다. 그렇게 캐나다 토론토로 유학을 보냈다.

3년 만에 한국으로 돌아온 첫째는 그야말로 최악이었다. 엄밀히 말하면 돌아온 게 아니라 쫓겨났다. '유급' 조치를 통해 알 수 있듯이 학교생활이 엉망이었고 홈스테이하던 집에서 '못 데리고 있겠다'며 두 손 들어버리는 바람에 강제로 쫓겨난 것이다.

무엇인가 불만이 가득했다. 꼭 터지기만 기다리는 시한폭탄 같았다.

그러던 어느 날이었다. 첫째가 밖에서 밤을 새우고 새벽 5시 30분쯤 집에 들어왔다. 내가 아직 자고 있을 거라 생각하고 그때 들어온 것이다. 하지만 나는 일찍 일어나 거실 소파에 앉아 있었다.

어머니가 "아침이라도 먹어라." 하고 말했는데 이 녀석이 대뜸 반말로 "싫어. 이 시간에 무슨 아침이야." 하고 소리를 질렀다. 순간 너무 화가 나서 바로 혼쭐을 내줄까 하다가 꾹 참았다. 대신 "야 밥이나 먹고 자라." 이렇게 말했다. 그런데 이번에는 나에게도 대들었다. 더 이상 참을 수가 없었다.

"야, 밥 먹고 자라고! 밥 먹고 자라는데 이제 들어와서 뭘 잘했다고 대들어!"

소리를 질렀더니 이번에는 아예 몸으로 덤볐다. 한 번 덤비면 다시 덤빌 수 있다. 혼낼 때 제대로 혼내는 게 서로에게 좋다. 방망이를 들고 어깨를 후려쳤다. 아이가 고꾸라졌다.

그 일로 첫째와 나는 완전히 원수가 돼버렸다.

마음을 열기 위해선 정성을 들여야 한다

첫째와 나는 한동안 말없이 지냈다. 나도 그 녀석이 싫었고 그 녀석도 나를 몹시 싫어하는 것 같았다. 첫째가 나를 피해 다녀서 얼굴 볼 일도 없었다. 한동안 이런 생활이 계속되다가 어느 순간이 되자 완전히 포기하게 됐다. 앞으로도 도저히 같이 못 살 것 같아서 첫째를 집에서 내보내고 오피스텔을 하나 얻어주기로 했다. 그래도 헤어지기 전에 마지막 시도는 해야 할 것 같아서 핸드폰 문자를 보냈다.

'멋진 아들, 어디서 뭐 하고 있어?'

답이 없다. 곧바로 문자를 또 보내면 안 될 것 같았다. 하루가 지난 후에 두 번째 문자를 또 보냈다.

'멋지고 자랑스러운 아들, 어디서 뭐 하고 있나? 보고 싶네.'

역시 답이 없다. 이날은 답이 안 올 줄 알고 있었다. 하루가 지나고 세 번째 보냈다.

"아이고, 우리 멋지고 자랑스러운 아들, 어디서 뭐 하고 있나? 보고 싶네."

역시 답이 없다. 이제는 오기가 생겼다. 답장 올 때까지 보내겠다고 다짐하고 이튿날 또 네 번째 문자를 보냈다.

'멋진 장남 우리 큰아들은 뭐 하고 있어? 보고 싶네.'

보고 싶다는 말에 마음이 흔들렸던 것일까? 네 번째 문자에는 답이 왔다.

'공부 중'

그 문자를 읽으면서 눈물이 핑 돌았다. 다섯 번째 문자를 보냈다.

'답장 보내줘서 정말 고맙다, 멋진 아들아. 아빠는 날아갈 것 같다.'

하루 뒤에 답장이 왔다.

'나도 사실 아빠가 자랑스러워.'

첫째가 태어나고 20년 가까이 부자 관계로 지내면서 처음으로 마음이 통했다는 느낌을 받았다. 그 어떤 보석을 얻은 것보다 행복했다. 아들을 성인으로 키워 낸 이 시대의 아빠들은 이 기분을 알 것이다. 행복해서 자꾸 눈물만 흘렸다.

문제 아들, 멋진 아들 되다

그날 이후에도 아들에게 문자를 보낼 때는 '멋진 아들'이라는 말을 빼놓지 않았다. 어쩐지 이 말 때문에 아들이 좋아진 것 같았다. 그건 사실이었다. 이 아이가 정말 멋진 행동을 하기 시작했고 지금은 세상에서 둘째가라면 서러울 만큼 멋진 성인이 돼 있다.

너무 유치해서 그냥 쓰기에는 쑥스러운 말이지만 '멋지다' 속에는 어마어마한 위력이 숨어 있다. 아무리 개차반인 사람도 멋지다는 소리를 계속 들으면 그렇게 변한다. 스스로 멋진 사람이라고 생각하는데 어떻게 나쁜 짓을 하겠는가?

반대로 안 좋은 소리를 계속하면 사람들이 그렇게 간다. '넌 머리가 나빠' '넌 불성실해' '넌 아무것도 못해' 이런 소리를 들으면서 일하는 사람이 어떻게 홈런을 치겠는가?

첫째가 대학 1학년 때 일이다. 함께 밥을 먹고 있는데 느닷없이 군대 이야기를 꺼냈다.

"아빠, 나 군대 먼저 갔다 와야겠어. 군 문제 정리하고 나야 무엇이든 파고들 수 있을 것 같아."

이제는 완전히 사람 감동시키는 것이다.

첫째는 대학에서 조리학을 공부하다가 군대에 갔다. 군대에 가서 더 성숙했고 편지를 자주 보내왔다. 그 편지 속에는 앞으로 본인이 하고 싶어 하는 사업 계획이 가득 들어 있었다.

아빠에게

〈세계 최고의 경영자가 된 미래의 내 모습〉
세계 최고의 경영자가 되기 위해서 오늘도 열심히 달린다. 매일 아침 새벽에 일어나 하루하루 어떻게 해야 나 자신에게 잘 가르쳐서 훌륭한 사람이 되는지 연구한다.

나는 나의 아버지로부터 들은 3가지(고객관리, 직원관리, 요리공부)도 매일매일 공부하면서 살아간다.

지식을 넓히기 위해 여러 가지 책들도 많이 보고 있다. 인생 살아가는 데 책은 정말 중요한 것 같다. 책을 읽으면서 많은 것을 깨닫고 있다.

내가 사업에서 성공하려면 다양한 사람들의 행복지수를 어떻게 올리는지를 알아야 한다. 고객들이 싫어하면 바로 원하는 방식대로 바꿔가야 하는 것이 요리를 하는 데 첫 번째 기본이다.

나는 매일 새벽에 일찍 일어나 시장에 가서 신선한 재료들을 고르기 위해 눈을 크게 뜨고 찾아다닌다. 최고의 재료들로 최고의 요리를 손님들에게 대접하는 게 가장 큰 목적이다.

세계인의 입맛을 사로잡기 위해 나는 한 달에 한 번씩 외국에 나가서 요리 공부를 하고 온다.

시간이 날 때마다 나는 유명 인사들과 만나 그들의 성공 스토리를 들어본다. 그들의 이야기를 듣다 보면 한 가지씩 귀에 쏙 들어오는 말들이 있다. 그들의 말 중에 공통되는 한 가지가 있다. 그건 바로 '힘들거나 넘어져도 다시 일어나는 것'이다.

지금까지 살아오면서 힘든 일이 많았다. 포기하고 싶었던 적도 있었다. 하지만 끝내 포기는 못 했다. 넘어져도 계속 일어나서 달려가는 긍정의 힘 그것이 바로 내 장점인 것이다. 이제 앞으로 나는 포기란 단어는 잊어버리고 도전이라는 단어만 머릿속에 새겨두고 살아갈 것이다. 끊임없는 도전과 노력은 나 자신을 배반하지 않는다.

지금의 나를 있게 해주신 저의 부모님께 정말 감사드리며 이렇게 잘 자랄 수 있게 해주신 것도 평생 못 잊을 것이다. 부모님께 은혜를 갚고자 진정한 사랑의 요리를 선물로 바칠 것이다. 가족에게는 사랑의 요리를, 고객들에게는 행복의 요리를 만들어서 많은 사람들에게 존경받는 인물이 될 것이다.

세상에서 사람들에게 존경이나 칭찬받는 일보다 좋은 것은 없다. 훗날 세계 최고 경영자가 돼서 각국 나라들을 방문해 불쌍한 사람들이나 어려운 사람들에게 요리를 해서 행복과 용기를 심어줄 수 있는 그런 멋진 사람이 되겠다.

아들 우철 드림

아들이 내게 준 기쁨

나는 회사 인근에 있는 9사단 백마부대와 자매결연 맺고, 모든 신병교육대에서 기수마다 1시간 30분씩 강연을 한다. 한 달에 3~4회 정도 하는 셈이다.

내가 없는 시간 쪼개서 군부대에서 강연을 하는 것은 아들을 통해서 깨달은 게 많기 때문이다. 내 아들은 군대에 있는 2년 동안

군 복무도 열심히 했지만, 자신의 인생을 설계하는 시간으로 삼았다. 그 결과 군대를 제대한 이후에 정말 열심히 자신의 삶을 만들어가고 있다. 아들의 모습을 보면서 군대에서 보내는 시간을 가장 의미 있게 쓰는 것은 열심히 군 복무를 하면서 자신의 미래를 설계하는 시간으로 삼는 것이라는 생각을 하게 된 것이다. 그래서 백마부대 신병들에게도 '군 복무 기간을 의미 있게 보내는 방법'이라는 제목으로 강연한다.

"군대에 있는 2년 동안 인생을 설계하라."

"제대 이후에 살아야 할 시간이 60~70년이다. 그 설계를 제대로 해야 멋진 인생을 살 수 있다."

"인생 계획표를 1탄에서 5탄까지 만들어라."

이런 이야기를 하면, '인생 설계'를 처음으로 생각하기 시작한 장병들의 눈빛이 빛난다. 그리고 그 백마부대 장병들은 실제로 인생 계획표를 만들고 있다.

내 입장에서는 무작정 숙제만 안길 수도 없는 일이었다. 열심히 인생을 설계하는 장병들에게 무엇인가 주어야 한다는 생각이 들었다. 그래서 자신의 인생계획을 제대로 짠 장병을 뽑아서 포상을 해주고 있다. 봄에 2명, 가을에 2명. 8박 9일 유럽 여행 보내준다. 제대 여행이고, 군부대에서 보내주는 특별 휴가이기도 하다.

"군 생활 동안 멋있는 군인으로 뽑혀서 유럽으로 특별 휴가를 떠나라!"

강연 마지막에 이렇게 외치면, 강연장은 환호성으로 가득 찬다. 나는 장병들의 환호성이 이 세상에서 가장 듣기 좋다. 기분이 날아갈 것 같다. 이런 기분을 느끼게 해준 것은 그렇게 속을 썩였던 나의 아들이다. 아들이 내게 준 선물인 셈이다.

시도하지 않으면 아무것도 할 수 없다

너무 멀리 가기를 마다하지 않는 자만이 얼마나 멀리 갈 수 있는지 알 수 있다.
— T. S. 엘리엇, 영국 시인

"이 세상에 나보다 더 즐거운 사람 없다."

나는 어디에 가든 자신 있게 말한다. 나에게는 뿌리는 즐거움, 거두는 즐거움, 일하는 즐거움, 노는 즐거움이 충만해 있다고 감히 말하겠다. 나는 절대 억지로 일하지 않는다. 구두 일을 처음 시작했을 때부터 지금까지 단 한 번도 억지로 무엇을 해본 적이 없다. 그런 일이 있었다면 아마 나는 구두 업계를 떠났을 것이다.

두 개의 유산

나는 부모님으로 물려받은 소중한 유산이 두 개 있다. 첫 번째는 이름이다. 으뜸 원元, 길할 길吉. 영어로 풀면 'Best Lucky'이다. 이보다 행운을 더 많이 담고 있는 이름은 없다. 나는 최고의 행운을 가지고 태어났다. 지금까지 살아오는 동안 수많은 선택의 순간이 있었고 수많은 고비가 있었지만 그때마다 좋은 선택을 했다. 그 결과를 두고 곰곰이 생각해보면 그래도 부모님이 지어준 이름 덕을 많이 본 것 같다. 이름이 직접 무엇인가를 해준 것은 아니지만 '나는 항상 최고의 운을 가지고 있다'라는 생각이 선택의 순간에 좋은 영향을 준 것 같다.

내 이름에 워낙 운이 따라서 부적처럼 가지고 다니라고 다른 사람에게 사인도 많이 해주고 내 수첩에도 스스로 사인해 가지고 다닌다.

두 번째는 부지런함이다. 이것도 부모님이 물려주셨다. 중학교 시절, 나는 집에서 학교까지 9킬로미터를 걸어 다녔다. 그 3년 동안 우리 어머니는 학교 보낸다고 나를 깨워본 적이 한 번도 없다. 새벽에 일어나 학교 갈 준비를 끝내고 나면 그제야 어머니가 아침 밥상을 차리기 시작했다. 오죽하면 어머니가 '깨워보지 못한 아들'이라는 별명까지 붙여주었을까. 이 부지런함으로 나는 지금도 새벽 5시면 일어나서 하루를 준비한다.

사업을 하는 데 부지런한 것만큼 좋은 무기도 없다. 남들보다 먼저 고민하고 먼저 해결하며 먼저 계획한다. 늘 남들보다 앞서 있다. 전 매장 전산화, 해외 시장 진출 등의 일은 모두 부지런함이 만들어준 결과물이다. 빨리 달리면 빨리 얻을 수 있다.

좋은 이름에 부지런함 가지고 있으니 일은 잘 풀릴 수밖에 없다. 두 개의 유산 덕분에 나는 세상에 둘도 없이 행복한 삶을 살고 있다고 생각한다. 사실 엄청나게 많은 유산을 받은 셈이다.

이 좋은 유산을 혼자 누리는 것은 안 될 말이다. 이제 꿈나무를 키워 내는 일에 힘을 쏟아야 한다. 다행히도 나에게는 인재를 만들어낼 만한 능력이 있다. 지금도 골프 꿈나무, 비즈니스 꿈나무, 안토니 장학생 등 벌여놓은 일은 많다. 이 친구들이 장점을 끄집어 내고 의지를 불어넣어서 나보다 훨씬 더 성공할 수 있도록 이끌 것이다.

일하는 게 즐겁다

사업가는 힘들다. 나만 해도 200명에 달하는 직원들을 책임져야 한다. 그뿐인가? 수많은 경쟁자와 싸워 이겨야 하며 엄청난 자금 압박에 시달리기도 한다. 누구라도 붙잡고 하소연하고 싶을 때가 한두 번이 아니지만 아무리 힘들어도 어디 가서 힘들다는 소리를 해서도 안 된다. 보통 사람들은 감당할 수 없는 스트레스를 이겨내야 한다. 사업가는 정말 힘들다.

동시에 사업가는 즐겁다. 보통 사람들이 할 수 없는 일들을 꾸밀 수 있다. 세상에서 가장 높은 빌딩을 지을 수도 있고 가장 아름다운 다리도 놓을 수 있고 야구단을 창단할 수도 있다. 그런 재미로 사업을 한다. 사업가는 일종의 몽상가인지도 모른다.

사업가들은 대부분 내가 정의내린 것처럼 '끝없는 사다리에 올라타서 끝없이 올라가는 사람들'이다. 보통은 목표를 달성하고 나면 그 허탈감에 우울증에 시달리기도 하고 실어증에 걸리기도 하지만 사업가들은 새로운 목표를 정해서 다시 오르기 시작한다. 이게 나와 사업이 잘 맞았던 이유였던 것 같다.

나는 개인적으로 좋아하는 일을 마음껏 할 수도 있어서 사업이 좋다. 직원들을 위해 요리를 해주고 수상스키와 승마를 가르치고, 스포츠카를 빌려주는 것이나, 어려운 사람들을 돕는 일, 골프 꿈나무를 키우는 일, 아프리카에 우물을 만드는 일 등은 모두 내가 좋아서 하는 일들이다. 나는 내가 가진 것을 다른 사람과 나눌 때 행복을 느끼고 사업의 에너지를 얻는다.

내가 살아가는 방법이 다른 사업가들보다 멋진 방법이라고 생각한다. 나는 적어도 나의 욕심, 우리 회사만 챙기지는 않는다. 어려운 사람들을 돕고 사회에 도움이 되려고 노력한다. 그러다 보니 내 편이 많아지고 사업도 잘 풀렸다. 집은 없지만 대궐 같은 집에 사는 사람보다 훨씬 행복하다.

대한민국에서 나보다 멋진 사장, 행복한 사장은 보지 못했다. 사회공헌 이야기를 꺼내면 다들 '나중에 봉사하자, 나중에 기부하자, 나중에 후배를 양성하자'라고 이야기한다. 아니다. 지금 당장 해야 한다. 직원들 복지도 나중에 하는 것은 의미가 없다. 지금 당장 해야 한다. 나는 이 모든 것을 생각이 났을 때 당장 실천했고 그래서 그들보다 더 행복하다. 우리나라에서 우리 회사보다 직원 복지가 잘되는 회사 못 봤다. 직원들이 회사를 자랑하고 사장을 자랑하고 다니는 곳도 우리 말고는 못 봤다. 여기에 내가 행복한 이유를 더 대야 할까?

소나무에게 배우다

나는 등산을 좋아한다. 산에 오르면 마음에 긴 때가 벗겨지고 정신이 맑아진다. 풀리지 않던 문제들도 산에서 고민하면 이내 답이 나오기도 한다. 주로 북한산에 오른다. 바위로 된 이 산은 전체가 아름답다. 가끔 이 산이 정말 서울 한복판에 있는 산이 맞나 싶을 정도로 경관이 뛰어나다. 정상에 오르는 과정이 모두 절경이라 되도록 천천히 오르려 한다.

북한산에는 볼거리가 많지만 그중에서도 커다란 바위틈 사이에서 자라는 소나무가 가장 아름답다. 어떻게 뿌리를 내리고 서 있는지 상상이 되지 않는다. 그 가는 줄기와 가지가 참 힘겹게 느껴지기도 하지만 그 어떤 아름드리 소나무보다 훨씬 예쁘다. 나뿐만 아니라 이곳을 지나가는 모든 사람들이 이 소나무 때문에 발걸음을 멈춘다. 이렇게 보기 좋아도 되는 것일까?

이 소나무는 한 가지 커다란 메시지를 보내고 있다. 비옥한 땅에서 자란 보통 소나무는 너무 많아서 사람들이 오래 쳐다보지 않는다. 그 아름다움도 알지 못한다. 하지만 바위틈이라는 아주 척박한 곳에 뿌리를 내린 이 소나무는 사람들이 외면할 수가 없다.

우리의 삶도 이와 다르지 않다. 가진 것 없고 사업의 시작은 척박하기 그지없었지만 성과를 이루기 시작하면 더 알아주고 칭찬한다. 환경이 어렵다는 것, 그건 오히려 자신을 빛낼 수 있는 기회가 될 수 있다.

사업이 힘들어질 때면 그 소나무를 떠올린다. 그 고귀한 생명을 존경하며 나도 한 발 더 열심히 뛰어야겠다고 다짐한다.

어느 바보의 고백

샘 월터 포스

나는 바보다. 나도 그 사실을 안다.
창피해도 어쩔 수 없다.
나는 멍청이, 바보, 얼간이다.
나는 둔하다.
여러분들이 모두 나의 본질을 이해할 수 있도록
나는 이 사실을 먼저 알린 것이다.

그게 나다. 하지만 우리 이웃에는
조 크레이그, 짐 스텀프, 히람 언더우드가 산다.
우리는 같은 언덕의 옥수수처럼 자랐다.
마치 네 개의 줄기처럼 나란히 자랐다.
그들도 모두 나처럼 멍청이에다 바보이기 때문이다.

이제 나는 내가 바보라는 사실을 안다.
하지만 그들은 그 사실을 모른다.
자신들이 무지 똑똑하고 최고인 줄 착각한다.
그래서 나는 웃으며 말하곤 한다.
"저 머저리 같은 놈들은 세상으로 나가면

자기네가 얼마나 바보인지 알게 될 거야."

존 크레이그는 바보였지만

그렇게 살지는 않았다.

여러분도 모두 그의 이름을 들어본 적이 있을 것이다.

그는 주지사가 되었다.

가장 특이한 얼간이 짐 스텀프는

전쟁터로 갔다.

이유는 잘 모르겠지만 그는 스텀프 장군이 되어

집으로 돌아갔다.

가장 큰 바보인 히람 언더우드도 사회로 진출했다.

우리는 그가 사람 구실 할 정도로

똑똑하다고 생각도 못했다.

하지만 그는 철도산업에 뛰어들어

자신의 몫을 챙겼다.

이제 그 바보는 오천만 달러의 소유자다.

나는 종종 어린 시절 그들과 나란히 있던 곳에 앉는다.

우리 네 명이 얼마나 멍청하고 바보였는지 생각한다.

모두가 멍청하고 바보였지만 그들만 그 사실을 몰랐다.

그래서 나는 물었다.

"만일 내가 바보란 사실을 몰랐다면 나는 어떻게 되었을까?"

왜냐하면 나는 고향에 머물면서
힘들게 옥수수밭을 일궈왔기 때문이다.
내가 바보 멍청이란 사실을 알고 있었기 때문이다.
하지만 내가 다른 친구들처럼 그 사실을 몰랐더라면
나는 대통령이 되었을지도 모른다.
우리는 모두 바보다. 화내지 마라.
우리는 모두 멍청이다.
그 사실을 아는 불쌍한 우리는
겸손하고 초라하게 살아간다.
따라서 세상의 모든 바보들에게 고한다.
계속 바보란 사실을 모르고 살아가라.
그 사실을 인정하지 마라. 그러면 언젠가
이름을 빛내게 될 것이다.

KI신서 4734

멋진 인생을 원하면
불타는 구두를 신어라

1판 1쇄 발행 2011년 5월 31일
2판 1쇄 발행 2013년 3월 4일
2판 9쇄 발행 2014년 1월 10일

지은이 김원길
펴낸이 김영곤 **펴낸곳** (주)북이십일 21세기북스
부사장 임병주 **출판사업부문이사** 주명석
출판콘텐츠기획실장 안선희
기획 최국태 송무호 **디자인 표지** twoes **본문** 노승우
마케팅영업본부장 이희영
마케팅 김현섭 최혜령 강서영 **영업** 이경희 정경원 정병철
출판등록 2000년 5월 6일 제 10-1965호
주소 (우413-756) 경기도 파주시 회동길 201 (문발동)
대표전화 031-955-2100 **팩스** 031-955-2151 **이메일** book21@book21.co.kr
홈페이지 www.book21.com **트위터** @21cbook **블로그** b.book21.com

© 김원길, 2011

ISBN 978-89-509-4675-3 03320
책값은 뒤표지에 있습니다.